MINISTÈ KRIS LA NAN PALESTIN

Originel publié en anglais sous le titre : *The Ministry of Christ* par Frank Breisch
Publié par Christian Schools International
3350 East Paris Ave. SE, Grand Rapids, Michigan, 49512-3054, U.S.A.

Le développement de *The Ministry of Christ* a été rendu à la possible avec
des subventions de Christian Schools International Foundation et de la Canadian
Christian Education Foundation, Inc.

L'autorisation pour la traduction, publication, distribution, ventes et redevances pour
la traduction kriol française du *The Ministry of Christ* ont été accordée gratuitement par
Christian Schools international a Raymond Brinks comme éditeur et Project Canefire Inc.

Le développement de *Ministre Kris* La été rendu à la possible avec
des subventions de Project Canefire, Inc..

Commander ce livre en ligne à www.trafford.com
Ou par courriel à orders@trafford.com

La plupart de nos titres sont aussi disponibles dans les librairies en ligne majeures.

Avis aux bibliothécaires: un dossier de catalogage pour ce livre est disponible à la
Bibliothèque et Archives Canada au: www.collectionscanada.ca/amicus/index-f.html

ISBN: 978-1-4269-3107-9 (sc)
ISBN: 978-1-4269-3108-6 (e)

*Notre mission est de fournir le service d'édition le plus complet et de permettre
à nos auteurs d'avoir du succès. Pour découvrir comment publier votre livre à
votre façon, veillez visiter notre site web à www.trafford.com/2500*

Trafford rev. 4/16/2010

Trafford
PUBLISHING™ www.trafford.com
Amérique du Nord & international
sans frais: 1 888 232 4444 (États-Unis et Canada)
téléphone: 250 383 6864 ♦ télécopieur: 812 355 4082

LIV 1

MINISTE KRIS LA NAN PALESTIN

Frank Breisch: Otè

Reinaldo Bourdeau: Tradiktè

Joseph Leveillé: Revizè

Marie Pierre Philippe : Revizè

Raymond Brinks: Editè

MINISTE KRIS LA NAN PALESTIN

Originel liv sa a te pibliye pa The National Union of Christian Schools (men kounyea Christian Schools International) 3350 East Paris Ave. SE, Grand Rapids, Michigan, 49512-3054,U.S.A. Tes Biblik nou itilize yo se Vèsyon Bib La nou pwan yo, *Paròl Bondié an Ayisyin* de Societe Biblique Haïtienne nan Haïti.

Lèt Pastoral

Chè lektè,

Se avèk fyète m ap prezante nou premye liv nan seri twa liv nou rele: *Ministè Kris la Nan Palestin, Ministè Kris Nan Jerizalèm, Ministè Kris Jouk Nan Dènye Bout Latè.*
Yon liv fòmasyon kap antrene moun nan doktrin Kris la.

Pou nou kapab yon bon lidè, yon bon kretyen nou bezwen kontinye grandi nan ansèyman pawol Bondye. Men, pou nou devlope plis nan ansèyman pawol la, nou bezwen genyen bon zouti ki kapab ban nou kònesans siplemantè, yon fason k ap moutre nou pi byen plan Bondye te gen pou nou depi nan kòmansman ak fason li akonpli li pou benefis nou.
A lravè esperyans nou genyen nan fòmasyon lidè kretyen ak kretyen otantik nan peyi Dominiken ak nan peyi Ayiti. Nou sèten, *Ministè Kris la Nan Palestin nan Palestin, Nan Jerizalèm, e Jouk Nan Denye Bout Latè*, se yon zouti ki kapab ede ni kretyen ni lidè gen plis pèfomans nan prezantasyon levanjil la.

Se yon liv ki kapab ede moun reflechi sou ministè Kris sou latè. Anpil manm legliz pa gen ase fon biblik pou esplike lavi Jezi. Avèk liv sa a, moun ap konprann lavi Jezi nan tout entegralite. Fason li òganize li senp, l ap ede moun konprann e kapte verite ki ladann san ou pa bezwen memorize anyen Se yon liv ki kapab ede moun konprann Bib la pi byen.
Gen anpil kretyen ki pa kapab esplike sans reyèl Ansyen Testaman ak istwa pèp Bondye a, Izrayèl. Nouvo Testaman te ekri pou nouvo kretyen yo ansanm ak tout moun k ap chache Bondye. Li ede moun jwenn yon foto ki pi klè sou fason Bondye pale ak fason li aji ak pèp li.
Nan non pèp Ayisyen an, n ap di yon gwo mesi ak tout moun ki te bay patisipasyon yo nan tradiksyon, nan korèksyon nan lajan ak nan tape dokiman sa a. Nou sèten patisipasyon ou yo pa pou granmesi, avèk èd Sentespri a liv sa a ap fè enpak nan lavi chak moun ki li li.

Pastè, Obelto Chérubin*

*Nòt byografik: Obelto Chérubin te presidan Legliz Kretyen Refòme Ayiti e pwofesè Enstiti Biblik Jean Calvin pandan ampil ane.

4

KONTENI

Lèt Pastora-----------l3

PWOLOG --------------------6

1. Entrodiksyon----------------------------7

PWEMYE PATI 1 EVENNMAN MINISTÈ KRIS LA

2. Istwa pèp Bondye a--12
3. Pwezantasyon travay Kris la ------------------------------------18
4. Pèp nan peyi natal Kris la--25
5. Rejis sou ministè Kris la------------------------------------- 36

DEZYÈM PATI 2 PWEPARASYON MINISTÈ KRIS LA

6. Pawòl tounen moun Jan 1:1-18 --------------------------------47
7. Map voye ou kote Eli Lik 1:5-25, 57-80----------------------50
8. Bondye voye pitit li a fèt nan yon fanm
                   Lik 1 :26-56; 2:1-39------------------55
9. E pitit la te grandi Matye 2 :1-23 ;Lik 2 :40-52--------------62

TWAZYEM PATI 3 KOMANSMAN MINISTÈ KRIS LA

10. Yon vwa kap rele nan dezè a   Lik 3:1-20 --------------------67
11. Pitit mwen renmen anpil la Matye 3 :13-17----------------72
12. Dyab la te tante li   Lik 3:1-20 ----------------------75
13. Mouton Bondye a   Jan 1:29-51; 3:22-26 ----------------- 79
14. Komansman siy li yo   Jan 2 ---------------------- 83

KATRIYEM PATI 4 OTORITE LEV KRIS LA

15. Yon nonm nan farizyen yo   Jan 3:1-21 -------------------- 87
16. Yon Fanm Samaritèn   Jan 4:1-42 --------------------- 91
17. Pechè lòm   Matye 4:12-25; Lik 5:1-11 Lik 6:12 ---------- 95
18. Jezi te gueri anpil moun. Mak 1:21-2:12; Jan 4:46-5:18---- 99
19. Li anseye tankou moun ki gen otorite   Matye 5:7----------102
20. Pwoklame libète pou moun ki nan lesklavaj yo
                   Lik 7:1-17 ; Mak 4:35- 5:4---------------108

5

SINKYEM PATI 5 OPOZISYON KONT LEV KRIS LA

21. Kilès ki kwè nouvèl nou an ? Lik 4:16-30 Mat. 12:1-14----- 114
22. Frè li yo pat kwè Mat. 11:2-19;Mak 3:20-21;Jan 7:1.9------ 118
23. Yon moun ki pi Gran pase Jonas Lik 7:36-50; 11:14-36--- 123

SIZYEM PATI 6 DEVLOPMAN MINISTE KRIS LA

24. Travayè yo nan rekòt la   Matye 9:35-11:1; Lik 10:1-20- 127
25. Pen ki bay lavi a   Jan 6 -------------------------------- 131
26. Ledven Farizyen yo   Mak 7:1-23; 8:11-21---------------- 135

SETYEM PATI 7 KRIZ NAN MINISTÈ KRIS LA

27. Ou se Kris la   Matye 16:13 : 28----------------- 138
28. Temwen ki te wè grandè Kris la
       9 :28-36 ;Mak 9 :14 :32 Matye 7 :1-19 --------------------142
29. Konbyen fwa ou dwe padone Matye 17 : 1-19 --------------- 145
30. Kouran dlo kap bay lavi a Jan 7 :10-52 ---------------------- 149
31. Limyè tout moun   Jan 8:12- 9:41 --------------------------- 152
32. Bon Gadò a   Jan 10 ------------------------------------- 155
33. Laza Jan   11:1-53 ---------------------------------- 158

WUITYEM PATI 8 CHANJMAN NAN LEV KRIS LA

34. Li te pale an parabòl Matye 13:1, 53 ; Lik 15 ----------------- 162
35. Pou nou kapab gen lavi ki pap janm fini an. Lik 18:1-34 ----166
36. Dènye ap vinn premye   Matye 19 :23-20 :28 ------------- 169
37. Li vinn chache e sove yo   Lik 18 :35-19 :27 --------------- 172

PWOLOG

Seri liv sa yo "*Ministè Kris La*" se twa liv yo ekri pou jènn etidyan ki vle fè yon etidye istwa lavi Jezi osi anseyman li yo e apòt yo tou. *Ministè Kris nan Palestin* se pwemye nan seri twa liv nou pibliye. Li kòmanse avèk evennman nesans li, kontinye avec pwezantasyon ministè li, jis yo rive nan moman semènn sent la. Dezyem liv la, *Ministè Kris La Nan Jerizalèm*, li pale sou tout sa ki te pase sou chemen lakwa e travay apòt yo nan Jerizalèm jiska lanmò Etyèn. Twazyèm liv la, *Ministè Kris La Jis Nan Dènye Bout Latè*, li pwezante travay Kris la atravè apòt yo.

Chapit yo ki nan pwemye liv la, yo gwoupe yo an wuit seksyon, chak ak yon tèm sentral. Leson yo kòmanse ak yon "**Kèsyon Kòm Pweparasyon**" pou kapab kondwi etidyan yo nan lèkti yap fè. Chapit yo pa eseye repete menm pasaj nan la Bib la; okontrè, yo eseye montre ou siyifikasyon chak pasaj e esplike ou kèk pati ki difisil nan tes la. Nan chak leson yo mete de gwoup kèsyon. "**Kèsyon Sou Etid La**" yo la pou ede etidyan an aprann bagay ki prezante nan tes biblik la e chapit yo an menm tan. Kèk kèsyon opsyonèl ki merite pou chache yon èd apa, oubyen swa lòt kote, yo di ou davans sa se yon "**Etid Adisyonèl**".

Espwa otè liv la y moun ki edite l la, se pou "**Ministè Kris La Nan Palestin**" nan ede etidyan pou yo kapab fè yon etid pwofon direkteman nan Labib la. Que cette étude fera le bonheur et de renforcer leur dévouement au Seigneur. Nap di yon gwo mesi ak tout moun ki te bay patisipasyon yo nan tradiksyon, nan korèksyon, nan lajan ak nan tape dokiman sa a.

Nou di memn mo Pastè Cherubin "nap di yon gwo mesi ak tout moun ki te bay patisipasyon yo nan tradiksyon, nan korèksyon nan lajan ak nan tape dokiman sa a. Nou sèten patisipasyon ou yo pa pou granmesi, avèk èd Sentespri a liv sa a ap fè enpak nan lavi chak moun ki li li". Nap di mesi moun ki bay donasyon nan **Proyect Canefire** pou realize piblicasyon.

Project Canefire, Inc.

CHAPIT 1

ENTWODIKSYON

Keksyon pou Preparsyon:

1. Kòman nou konnen Nouvo Testaman an se pawòl Bondye li ye?
2. Ki relasyon ki genyen ant Ansyen Testaman ak Nouvo Testaman?
3. Kòman Nouvo Testaman prezante Kris la?
4. Kòman nou dwe etidye Nouvo Testaman an?

Nou tout nou konnen Nouvo Testaman se yon liv ki trè enpòtan. Li chanje lavi anpil moun, e menm sivilizasyon bò kote solèy kouche. Yon liv si enpòtan konsa tankou Nouvo Testaman, li merite plis atansyon nou. Nou dwe asire nou byen konprann li. Alò, avan nou kòmanse etidye li, ann aprann kèk verite ki gen enpòtans sou liv la menm.

1. Nouvo Testaman se Pawòl Bondye.

Tit sa a pale sou verite ki pi enpòtan nan Nouvo Testaman an. Lè nou di li se Pawòl Bondye a, nou vle di li se revelasyon Bondye. Revelsayon soti nan pawòl Bondye. Nan Nouvo Testaman se Bondye menm ki revele nou.

Bondye te enspire nan kek moun pou ekri Nouvo Testaman an. Enspire soti nan laten «*in*», anndan, ak «*spiro*», soufle. Bondye soufle nan lespri kèk moun panse li te vle yo ekri. Epi, li te gide yo nan yon fason, konsa pawòl yo itilize yo kapab pale presizeman sou panse Bondye, jan li te vle yo di yo egzateman.

Nou di sa, paske liv la menm di li enspire. Jezi te pwomèt apòt yo apre li monte nan syèl la, la voye Sentespri a pou gide yo nan tout verite (Jan 16:13). Pòl esplike ki kalite travay Sentespri a reyalize ak apòt yo. Nan I Korent 2:12-13 li di: «Se pa lespri k'ap travay nan moun k'ap viv dapre lide ki nan lemonn nan nou te resevwa. Lespri nou resevwa a, se Lespri Bondye te voye ban nou an pou n' te ka konnen tout favè Bondye te fè nou. Si n'ap pale sou tout favè Bondye fè nou, se pa avèk pawòl nou jwenn nan bon konprann lèzòm, men se pito avèk pawòl Lespri Bondye ap montre nou. Se konsa, nou fè moun ki gen Lespri Bondye nan kè yo konprann verite ki soti nan Lespri a». Pòl deklare se pa lide yo sèlman ki nan li, men pawòl yo itilize yo, se Sentespri a ki te bay yo l. Menm verite sa a li aplike sou tout lòt moun ki ekri liv Nouvo Testaman yo tou.

Nou kapab poze keksyon: Kòman nou kapab konnen se vre? Gen anpil karateristik enpòtan sou liv sa a ki mande nou pou n pran sa serye. Labib pa bay okenn moun laglwa, men Bondye sèl. Li montre nou yon sèl chemen pou jwenn delivrans. Li chanje lavi lèzòm, menm jan tankou nasyon yo. Nivo moral ansèyman li yo pa gen parèy. Sepandan, yon sèl rezon sèten ki montre pouki kretyen an resevwa Nouvo Testaman kòm Pawòl Bondye, se travay Sentespri a ki nan nou ki pouse n bay temwayaj pou pawòl la. (Konfesyon Lafwa Westminster, Chap. 1 Seksyon 5). Pa mwayen ekriti yo Bondye Sentespri a pale nan kè nou. Sa ban nou asirans sou deklarasyon Nouvo Testaman an fè, lè l di : li se Pawòl Bondye a.

2. Nouvo Testaman an pa gen èrè.

Se Bondye ki enspire moun yo ki ekri Nouvo Testaman an, konsa li se pawòl Bondye, se sa ki fè li pa kapab gen èrè. Sa vle di li pa gen erè ladan l' ditou. Li pa dwe gen erè ladan l' nonplis, menm lè l pale sou jewografi, istwa oubyen nenpòt lòt tèm. Kòman nou kapab sèten Nouvo Testaman pa gen èrè? Bondye se otè Nouvo Testaman an, e Bondye pa fè oken'n èrè, se poutèt sa li pa kapab gen èrè, sa pa vle di nou pa gen pwoblem pou konprann Nouvo Testaman an.

Kèk fwa nou pa sèten nou konnen ki jan nou dwe entèprète yon pasaj. Pafwa nou pa kapab konprann kòman 2 pasaj ki sanble diferan epi toulede se verite. Kek lot fwa nou pa konprann kèk mo ki itilize nan tèks Nouvo Testaman an. Kretyen savan yo toutan y ap etidye maniskri orijinèl yo pou rezoud pwoblèm sa yo. Yo dedye yo nan sa ak konfyan, paske yo konnen pwoblèm yo soti nan erè moun fè, men yo pa soti nan Bondye.

3. Nouvo Testaman Konplete Ansyen an.

Nouvo Testaman an se Pawòl Bondye li ye, li vin apre Ansyen Testaman an, ansanm yo fòme Pawòl Bondye a.Yo prezante ban nou devlòpman plan pafèt Bondye a pou delivrans pechè yo.

Bondye te fòmile plan redanmsyon li depi menm anvan li te kreye syèl la ak tè a. Premyèman, li te revele l' bay Adan e Ev nan Jaden Edèn, apre yo te chite. Li pat esplike yo plan an nan anpil detay. Se sèlman kèk bagay fondamantal li di yo.

Premyè pwomès Bondye a pou delivre pechè yo se tankou yon semans ki simen. Li kòmanse grandi e devlope. Ansyen Testaman pale nou sou devlòpman sa a. Nouvo Testaman se deskripsyon sou plant ki deja gen matirite, redanmsyon ki konplete a. Se poutèt sa nou di Nouvo Testaman an konplete Ansyen Testaman an. Nan Nouvo a nou wè anpil pwofesi nan Ansyen Tesataman ki deja akonpli, anpil travay reyalize, lè yo akonpli sa ki di a:

Nouvo a kache nan Ansyen an;
Ansyen an prezan nan Nouvo a».

4. Kris se Sant Nouvo Testaman an.

Nouvo Testaman antyèman pale sou Jezikri, Pawòl vivan an, se pa mwayen li Bondye ofri redanmsyon an. Se nan Levanjil yo, yo pale sou travay terès li. Nan liv Travay la yo pale sou misyon li nan legliz la pa mwayen Sentespri a. Lèt yo esplike lèv li e yo repete ansèyman l yo tou. Liv Revelasyon an esplike nou viktwa final li sou fòs mal la. Istwa Jezi a fè pati sant tout Nouvo Testaman an, e lè nou etidye liv sa a, nou dwe jwenn nou fasafas avèk Jezi.

5. Kris se Sèvitè Bondye a

Labib pale sou travay Senyè Jezikri a, nan anpil fason. Jezi di li se Pen Lavi a (Jan 16:35), Bon Gadò a (Jan 10:14) Chemen an, Laverite e Lavi a (Jan14:6). Nan Katechis Heidelberg yo rele l Pwofèt, Prèt e Wa, ki se tablo twa ofis Kris yo.

Sepandan, gen yon pawòl oubyen yon lide, ki itilize anpil fwa nan Bib la, e ki fè pati tou sa ki deja mansyonne anwo a. Se lide, sèvitè oubyen minis. Toulede pawòl yo, «sevitè» e «minis», yo pale sou yon moun ki fè travay lòt moun. Alò, Labib, prezante Jezikri kòm Sèvitè Papa a.

Nan Ansyen Testaman, pasaj ki pale pi kle sou sa a se Ezayi 53. Yo prezante nan pati sa a soufrans ak lanmò Kris pou delivre pèp li. Nan entwodiksyon pasaj sa a (Ezayi 52:13-15), Bondye pale sou Kris kòm «sèvitè l».

Nan Nouvo Testaman an gen anpil afimasyon ki pale sou travay Kris la kòm sèvitè. Pòl di nou nan Filip 2:7, Kris te pran «fòm domestik». Nan Mak 10:45, Jezi menm di, «Mwen pa vini pou moun rann mwen sèvis, men mwen vini pou m' rann moun sèvis...» Nan yon lòt okazyon ankò (Jan 6:38) li di, «Se pa pou fè volonte pa m', mwen desann sòt nan syèl la, men pou m' fè volonte moun ki voye m nan».

Bon, kounyea lèv Kris la se pa sèlman sa l' deja fè, men se tout sa ki kontinye fèt. Se pou rezon sa a tit liv sa se **«Ministè Kris La »**. Tit sa a fè nou panse sou lavi Kris la te viv sou te a, se te yon lavi sevite. Nou sonje li pat vini pou fè volonte l, men pou akonpli travay Papa li ki Wa nan syèl la. Piske li se egzanp nou, misyon li, sa l te fè nan lavi l sou tè a, tankou sa l'ap fè depi l monte nan syèl la, sa dwe montre nou yon egzanp, ki jan pou nou angaje lavi nou nan sèvis li.

6. Ki Jan Nou Dwe Etidye Nouvo Testaman an

Anvan nou kòmanse etid nou an, nou dwe panse yon timoman ki jan pou n etidye Nouvo Testaman an. Nou pa dwe bliye Labib se Pawòl Bondye li ye, e si se konsa, nou dwe apwoche bò kote l avèk yon seri atitid:

1. Nou dwe respekte Labib. Nou dwe etidye l avèk prekosyon e entelijans pou n' kapab konprann li korèkteman.
2. Pèsonn pa kapab konprann li pou kont li. Se Sentespri a sèl ki kapab ban nou kapasite sa, epi se poutèt sa li toujou bon pou nou kòmanse etid biblik nou avèk yon lapriyè pou Sentespri a ka gide nou.
3. Labib se pa yon senp koleksyon lide kèk moun nan tan lontan bay sou Bondye sèlman. Men tou, se li menm ki sèl mwayen Bondye pale ak nou jodia. Se pou sa, lè n'ap etidye l, nou dwe toujou chache pwòp mesaj pa nou nan li, epi aplike l nan lavi nou.

Kesyon Sou Etid La

1. Nan ki sans Bondye te revele li?
2. Kisa enspirasyon an ye?

3. Kisa Labib montre nou sou orijin li? (2 Timote 3:6; 2 Pyè 1:21; I Korent 2:12-13)

4. Kisa nou vle fè moun wè lè nou di Bib la pa gen parèy?

5. Kòman nou ka asire Nouvo Testaman pa gen parèy?

6. Nan ki fason Nouvo Testaman an gen relasyon ak Ansyen Testaman an?

7. Ak ki lide Labib sèvi pou dekri lèv Kris la? Ki lide ki antre nan tout lòt yo?

8. Di kèk vèsè Biblik ki montre Kris vini tankou domestik.

9. Kòman nou dwe etidye Nouvo Testaman an?

Pou Etid Siplemante

1. Si Labib te gen erè nan sijè istorik yo oubyen jewografik, èske nou ta kapab mete konfyans nou nan ansèyman li bay sou delivrans la?

2. Eske yon moun ki pa kwè nan Jezikri, ka konprann korèkteman Nouvo Testaman an?

3. Nan ki sans Kris se yon Sèvitè?

Pati 1

ESPEKTAK
LEV KRIS LA

CHAPIT 2
ISTWA PEP KRIS LA

Keksyon pou Preparsyon

1. Ki wayòm sa yo ki te gouvènen Palestin diran lane ki te
pase yo ant de Testaman yo?
2. Kisa ki te pase jwif yo diran lane sa yo?

Entwodiksyon

Nouvo ak Ansyen Testaman an gen yon relasyon entim.
Ansyen an prepare baz la pou Nouvo a. Sepandan, Ansyen an fini
nan katryèm syèk anvan Kris la (a.C), e Nouvo Testaman an kòmanse
kat syèk apre Ansyen an fini. Gen anpil bagay ki ka pase nan kat syèk
epi gen anpil chanjman ki ka fèt. Ki sak ta pase diran katsan (400)
lane nan mitan de Testaman yo?

Pawòl Bondye a pa rete ansilans nèt ale sou peryòd sa a. Nan
liv Danyèl la gen plizyè pwofesi ki bay aspè kat syèk yo ant egzil Jide
a ak vini Kris la. Pwofesi sa yo montre nou se Bondye ki gide zafè
tènasyonal yo pou prepare vini Pitit li a. Ann etidye pwofesi sa yo
kounye a.

1. Yon Rèv Pwofetik.

Nou jwenn rèv Nebikadneza, wa Babilòn nan, ekri nan
dezyèm chapit liv Danyèl la. Li te reve yon gran estati ki wo anpil tèt
li te fèt an lò fen. Lestomak li ak bral li yo te fèt an ajan. Vant li ak

kwis li yo te fèt an kwiv, de janm li yo te fèt an fè. Pye l' yo te fèt mwatye an fè, mwatye an tè krich. An tan li t'ap gade l' konsa, li wè «yon wòch pran woule desann soti kote li soti a, san se pa pèsonn ki voye l' li vin frape estati a nan pye l' yo ki te fèt mwatye an fè mwatye an tè krich, li kraze yo an miyèt moso». Lamenm, fè, tè krich, kwiv, ajan, lò tonbe atè, yo tounen pousyè tankou sou glasi nan sezon chalè. Yon van soufle, li pote yo ale, li pa kite yon remak. Men, wòch ki te frape estati a pran grandi, li grandi, li grandi jouk li tounen yon gwo mòn ki kouvri tout latè (Danyèl 2:34,35).

Danyèl te esplike Nebikadneza sa rèv sa a vle di: Tèt ki fèt an lò a reprezante gouvènman Babilòn ki anba Nebikadneza. Lòt pati imaj yo reprezante twa nouvo gouvènman k'ap vini apre otorite Babilòn nan. E wòch la ki te kraze imaj la reprezante gouvennm Bondye, ki pral tabli pandan katryèm wayom nan.

Nan liv Danyèl la tankou istwa, nou aprann vizyon Nebikadneza a te gen referans sou wayonm sa yo.

Babilòn (612-536 anvan Kris) ----- Tèt an lò a.
Mèd-Pès (536-333 anvan Kris) --- Lestomak bra an ajan
Grèk (333-146 anvan Kris) ----- Vant ak kwis an kwiv yo
Wòm (146 AK-400 apre Kris) ---- Janm ak pye yo mwatye an fè mwatye an tè krich
Wayonm Kris la ---- ----------------Wòch ki woule desann pèsonn pa voye l' la

Ann al wè kounye a, nan fòm yon ti repase, istwa kat wayom yo e relasyon yo avèk jwif yo, pou nou kapab konprann peryòd Nouvo Testaman an pi byen.

2. Tèt an Lò a --- Babilòn

Wayòm Babilòn nan te kòmanse lè papa Nebikadneza te kraze otorite Lasiri nan lane 612 anvan Kris. Touswit Kaldès yo te kòmanse konprann otorite li. Nan lane 606 anvan Kris, Nebikadneza te antre nan Jide pou yon premye fwa. Se nan okazyon sa a lè yo te depòte an egzil Danyèl ak pitit grannèg nan peyi Babilòn nan. Nan lane 597 anvan Kris, Kaldès yo te tounen e yo te depòte an egzil pi gwo klas rich nan mitan popilasyon an. Nan lane 589 anvan Kris Nebikadneza te tounen yon fwa ankò pou l' elimine yon rebelyon. Li te atake

Jerizalèm pandan twazan jouk li te kaptire li nan lane 586 anvan Kris la. Nan tan sa a li te kraze vil la e li te mete difè nan bèl tanp Salomon te bati a.

Pandan Nebikadneza ap mennen Jide an egzil, li te mete difè nan tanp Jerizalèm nan, Bondye sèvi ak li pou pini peche pitit Izrayèl yo. Anvan pitit Izrayèl yo te antre nan peyi Kanaran, Moyiz te avèti yo, «Si nou pa swiv tout règleman ki ekri nan lalwa sa a, si nou pa gen krentif pou «LETENEL BONDYE NOU AN ... Letènèl va gaye nou nan tout nasyon toupatou sou latè. Lè na rive la, na sèvi lòt bondye ni zansèt nou yo, ni nou menm nou pa janm tande pale, de zidòl an bwa, de zidòl ki fèt ak wòch...» (Dt. 28: 58,64). Pèp Izrayèl la pat obeyi Senyè a. Plizyè fwa yo fè peche kont li. Bondye te voye pwofèt yo pou egzòte yo e rele yo pou mennen yo tounen vin jwenn li. Men yo pat koute pwofèt yo. Donk, Bondye te pini yo pou mennen yo nan repantans, malgre sa toujou yo pa janm repanti. Bondye te voye wayòm Nò a mennen Izrayèl anegzil akòz peche yo. Avètisman sa a pat mennen Jide nan repantans nonplis. Jouk lè pasyans Bondye te fini, epi chatiman Moyiz te pwofètize a, se Nebikadneza ki te egzekite l'.

Egzil la te fini ak nasyon ki te gen kontra a, sak te pase sou mòn Sinayi a. Izrayèl deja pat anba gouvènman yon wa k'ap sèvi Bondye, li te deja pat gen yon tanp kote Bondye ka rete e kote pèp li a te kapab adore li.

Sepandan, sa pa t chanje estati jwif yo, yo te toujou rete menm pèp kontra a. Se pou sa menm Jezikri pral vini, se nan Kris la tout pwomès Bondye te bay jwif yo pral akonpli. Sepandan pèp kontra sa a pa p janm kapab oganize l ankò tankou yon nasyon k ap gouvène e k ap adore Bondye. Pati sa a nan plan redanmsyon Bondye a te fini ak tan egzil Babilòn nan.

3. Lestomak ak Bra an Ajan yo -- Gouvènman Mèd-Pès

Danyèl t'ap viv jouk li wè fen gouvènman Kaldès la. Jou lannwit la lè Babilòn te tonbe a, yo te bay Danyèl randevou nan gran salon wa a. Yo te mande li pou l' entèprete pawòl yon men misterye te ekri nan panno a. Se pawòl jijman Bondye yo te ye. Jou lannwit sa a Bèlchaza, wa Babilòn te mouri, epi fòs lame Mèd ak Pès yo te pran vil la. Nan premye lane gouvènman l' la, lane 536 anvan Kris, Siris, wa Pès la, te pase lòd pou pèmèt jwif yo tounen nan peyi yo. Se pa anpil nan yo ki te vle tounen. Sepandan, te gen anviwon senkant mil jwif ki te deside tounen sou direksyon Zowobabèl nan Jerizalèm. Yo te rekonstwi tanp lan e yo te renouvle adorasayon Letènèl la.

Tounen Jerizalèm sa a ak rebati tanp la, pa t montre yon rekiperasyon Gouvènman Bondye Jwif la. Adorasyon ki te fèt nan tanp sa a pa t konplè, paske bwat kontra a pat la. Epi, ankò pa t gen yon wa nan ras David ki te nan twòn nan. Alò, pa t gen okenn twòn ki te fèt. Jwif Palestin yo te anba kontwòl gouvènman Pès. Bondye pa t rebati menm klas gouvènman ki te egziste anvan egzil la.

4. Vant ak Kwis an Kwiv la --Grèk

Nan lane 333 anvan Kris, yon jennonm nan peyi Lagrès yo rele Aleksann Legran, li te kòmanse yon scri konkèt. Nan yon tan kout tankou dis lane konsa, li te rive konkeri pifò nan ansyen mond lan. Li te fè konkeri Lazi Minè, li te pran Palestin, li te fòse Lejip bese tèt devan li, li te kraze lame Pès la epi li te mache jouk li travèse fontyè endyen yo. Danyèl te deja pwofetize Konkèt la k ap kouri byen vit, li nan chapit 7, kote li reprezante Lagrès nan sans yon leyopa k'ap kouri byen vit.

Aleksann te kraze gouvènman Pès la, e li te òganize gouvènman Lagrès la. Kote li te fonde vil yo, jouk pita yo vin rive fè sant kilti grèk la. Li te bati wout pou yo tou, se sa ki fè kilti sa a rive grandi. Enfliyans li te dire anpil tan apre, malgre li te viv yon lavi kout, epi menm lè grèk yo pa t gouvènen mond Meditèrane a ankò, lang grèk la te kontinye pran fòs nan lavi nasyonal anpil nasyon. Youn nan egzanp nou gen sou sa, nou ka wè Nouvo Testaman an te ekri an lang grèk la.

Apre Aleksann mouri, wayom li a te divize ak kat jeneral li yo. Pita pifò nan gouvènman sa a, Palestin tou, te divize ande jeneral, Seleyik ak Tolome. Yo chak te fonde yon liy wayal ki te gouvènen pandan plizyè tan. Nan yon premye tan Palestin te tonbe anba gouvènman Tolome, ki t'ap gouvènen Lejip. Pita moun seleyik yo te pran l, kapital li te rele Damas, nan peyi Lasiri.

Jwif yo te mande pou yo viv nan lapè selon koutim yo pandan wa egipsyen yo t ap dirije. Men lè wa Lasiri yo te gouvènen Palestin, nan lane 198 anvan Kris, jwif yo te kòmanse soufri. Pi gran pèsekitè a se te Antyòch Epifann, ki te rayi tout moun ki te jwif. Li te vle elimine adorasyon jwif yo t ap bay Bondye konplètman e pou

ranplase l pa adorasyon payen yo. Gouvenman sa a te tèlman
mechan, Danyèl te konpare l nan pwofesi li a tankou Antikris la.

Atak ki te pi tèrib yo, se te pa Antyòch Epifann ki te leve kont
adorasyon Bondye jwif yo, li te motive rezistans jwif yo. Te gen yon
fanmi ki te rele Makabe ki te alatèt lit sa a. Jida Makabe se li menm
ki te chèf prensipal la nan lit sa a. Li te mete chèf payen yo deyò an
Palestin. Se te premyè fwa pandan 450 lane pèp jwif yo te gen libète
anba moun lòt peyi yo. Jida Makabe te netwaye e rekonsakre tanp la
tou, li te renouvle adorasyon Letènèl la. Jouk jounen jodi a, Jwif yo
kontinye selebre Fèt sa a.

Fanmi Makabe, se yon ras moun prèt yo te ye. Menm lè
Makabe kòmanse avèk lagè yo, touswit fanmi sa a kòmanse gouvènen
peyi a tou. Nan sans sa a gran prèt yo te vin gen kontwòl politik
Palestin nan. Gouvènman politik gran prèt yo te efektif, poutan prèt
Makabe yo se te moun relijye ki renmen patri yo. Men kèk nan sak
vini apre yo te fèb e yo te kite enterè pèsonèl kontwole yo. Se feblès
sa a ki kaba ak leta jwif endepandan an.

5. Wayòm Fè a -- Wòm

Diran gouvènman Makabe yo, wa lasiri yo te fè plizyè atanta
pou pran Palestin ankò. Epi pandan sa t'ap pase a, se konsa
gouvenman wòm nan t'ap grandi trè rapid, epi enfliyans li yo t'ap
gaye nan rejyon Palestin nan. Nan tan danje yo, lè lasiri yo te atake
Makabe yo, kèk fwa, yo konn mande women yo pou yo ede yo. Nan
yon okazyon fanmi Makabe yo te gen yon lit antre yo epi anperè wòm
nan, Ponpèy te fè entèvansyon l pou l rezoud pwoblèm nan. Men olye
li te rezoud pwoblèm nan, li te pito pran Jerizalèm pafòs e li te
nonmen kòm wa yo makabe ki te rele Hikann; men pi gran pouvwa a
li te depoze l' nan men yon nonm ki rele Antipatè. Se konsa, nan lane
63 anvan Kris la, Palestin te konvèti nan yon pwovens womèn.

Pandan Hikann t ap gouvenen , Ewòd, pitit Antipatè a, t ap
gouvènè Galile. Se te yon rèy ki pa t djanm paske yo te toujou ap
chanje chèf yo. Men Ewòd te prè pou l idantifye l avèk pati ki
ranpòte viktwa a. Akòz sa, li te vin rive wa peyi Jide e yo te rekonèt
li nan istwa tankou Ewòd Legran.

Ewòd se te yon nonm kriminèl e anbisye. Li pat krent pou
touye manm pwòp fanmi' l. Li te nan pouvwa lè Jezi te fèt e li te pase
lòd pou touye tout timoun Bètleyèm.

Apre lanmò Ewòd Legran nan lane 4 anvan Kris, wayòm ni an te divize ant pitit li yo. Pitit li yo pale sou li plis nan Levanjil yo se Ewòd Antipas, gouvènè Galile a. Se li ki te pase lòd pou mete Jan Batis nan prizon akòz gwo mesaj akizasyon l yo. Se menm Ewòd sa a Pilat te voye Jezi devan l la tou.

Nan epòk sa a, women yo t ap gouvènen peyi Bondye te pwomèt la, Bondye akonpli pwomès yo li te fè jwif yo nan tan lontan an. Limaj rèv Nebikadneza te akonpli istwa nan tout pati li yo. Wòch pèsonn pa taye avèk men an, te parèt pou kraze limaj sa a. Rèy Kris la ta etabli. «Men, lè lè a rive, Bondye te voye pwòp pitit li a. Li soti nan vant yon fanm, li viv anba lalwa jwif yo, pou l te ka delivre tout moun ki te anba lalwa pou n te kapab vin pitit Bondye» (Gal. 4:4,5).

Kesyon Sou Etid La

1. Fè yon deskripsyon estati rèv Nebikadneza a epi esplike ki sa chak pati li yo reprezante.
2. Ki sa ki te rive jwif yo nan rèy babilòn nan?
3. Ki sa ki te rive jwif yo nan gouvenman Pès la?
4. Pouki sa konkèt Aleksann nan te gen enpòtans?
5. Siyale sikonstans yo ki te ede reyalize yon leta jwif endepandan?

Pou Etid Siplemante

1. Kopye ou menm kèk vèsè nan Malachi, ki montre jwif yo tap tann Kris la.

CHAPIT 3

PREZANTASYON TRAVAY KRIS YO

Kesyon Pou Preparasyon

1. Pouki sa rejyon jewografik kote Palestin ye a enpòtan?
2. Ki sa ki tras ekstraòdinè tè peyi Palestin nan?
3. Ki enfliyans klima Palestin nan te genyen sou rekòt?
4. Ki prensipal divizyon tè peyi Palestin nan? (Nou ka sevi ak map yo nan Bibla noua.)

Entwodiksyon

Lè Bondye te voye pitit li a vin nan lachè nan monn nan, li te bay li pou sove lemond nan tout nasyon pou tout tan. Kris se Wa Selès la k'ap gouvènen sou tout nasyon yo, e gouvènman li pap janm fini. Konsa, nou kapab di, Kris la pa gen limit, ni nan tan, ni nan espas. Men nan yon lòt kote nou wè, Kris te pran plas li nan istwa a. Li te abite nan kèk peyi e li te viv nan yon peryòd detèmine. Li te fèt, li viv, e li mouri nan tè peyi Palestin, sa fè prèske 2000 ane pase. Sa a se te kote li te viv sou latè.

Nou pa dwe inyore kote Jezi te viv la. Ansèyman l' yo gen anpil referans lavi ak kilti peyi kote li te fèt la. Koutim yo, panse yo, e fason moun nan anviwonman l lan te viv levanjil la; li gen fòm tè kote li soti a, gouvènman l ak relijyon li. Epi pou nou pi byen konprann pèp sa a, li nesesè pou apresye prezantasyon an. Sinou pa konprann yo nou pa p gen kapasite pou nou konprann mesaj san limit Kris la.

1. Tè Palestin nan.

Palestin se yon peyi ki piti anpil. Li mezire prèske 240 kilomèt nan longè e 80 nan lajè, nou baze sou ansyen limit Dan ak Bèseba kòm fwontyè nò yo ak sid respektivman. Li pi piti pase leta Jikatan an, O Meksik. Sepandan, enpòtans yon peyi pa mezire pou kilomèt kare li genyen; men tou yo dwe rann kont sou sitiyasyon jewografik li okipe.

Youn nan rejyon ki gen plis enpòtans nan istwa mond primitif la se teritwa fetil nan Mezopotami an. Li kòmanse depi nan pati anwo Gòf Pès la, moso tè fètil sa a, ki rive jouk nan nò ak nan lwès vale larivyè Tigri a ak Efrat yo. Vale larivyè sa yo fini toupre lanmè Meditèrane a. Depi la a, zòn fètil sa a kontinye ale nan lwès ak nan sid, li desann sou kòt solèy leve lanmè Meditèrane a, jouk li fini nan dezè Prèskil Sinayi a. Teritwa fètil sa a se youn nan premye sant sivilizasyon imèn nan, epi tout wout pou al nan mache yo te travèse li. Lè nou sonje komès aktif ki te devlope ant Lejip ak gouvènman nan vale Tigri ak Efrat yo, nou rive nan konklisyon pou wè poukisa pati kote solèy kouche, teritwa sa a te rive yon pwen gewografik ki gen anpil enpòtans. Epitou, Palestin te okipe sant rejyon enpòtan sa a.

Diran syèk yo t'ap pase e nouvo gouvenman yo t'ap devlope, tè yo ki bò lanmè Mekiterane a te vin ogmante anpil. Sant sivilizasyon imèn nan te rive jouk nan lwès, soti depi nan vale larivyè Tigri ak Efrat la rive Lagrès ak depi Lagrès pou rive nan Wòm.

Chanjman sa a pat diminye enpòtans Palestin nan. Lanpi Women an te etann li nan twa kontinan, Ewòp, Azi ak Afrik. Kontinan sa yo te fè youn ak teritwa Palestin yo. Tout wout komèsyal sa yo te travèse rejyon laj sa a, e kòm konsekans, Palestin te kontinye rete nan pwen jewografik la pou prensipal wout komèsyal yo. Tè kote Jezi te fèt la, viv e mouri a te okipe yon plas santral nan monn nan. Lè apòt yo te anonse travay Jezi a, yo te kapab di avèk tout sètitid: «Paske pa gen okenn ladan yo mwen te fè an kachèt» (Trav. 26:26).

2. Karakteristik Palestin

Palestin se yon tè ki gen anpil varyete. Nan limit li yo, yon moun kapab desann mòn ki kouvri ak nèj jouk nan zòn twopikal yo. Teren li gen jaden fètil ki bay manje, tè pant, tè woch, tè eskapad, tè chèch, ki pa kiltive. Posibleman yo pa jwenn tout diferans sa yo nan okenn lòt kote sou latè tankou nan kèk kilomèt kare konsa.

Varyete Palestin yo dwe lokalize. Lanmè Mediterane a limite l' depi solèy kouche jouk solèy leve nan dezè a. Gen anpil kote nan Palestin bagay sa yo apèn swasantdis kilomèt ki separe yo. Nan fason sa a se Palestin ki sèvi kòm chan batay ant lanmè a ak dezè a. Kote fòs lanmè a ki domine latè a byen wouze e pwodiktif. Kote se dezè a ki domine teren an li konvèti l' nan yon tè esteril.

Varyete a tou kapab koze gwo chanjman ki te pase anba tè a nan ti kote sa a nan monn nan. Gen de gran chanjman ki fèt epi ki vin konvèti nan de pi gran tras vizib yo nan peyi Palestin nan se: Montay yo ak vale Jouden an.

Vale Jouden an, li esepsyonèl. Pi gran pati nan vale a fòme avèk rivyè yo ki travèse teren li yo. Men vale Jouden gen pwoblèm. Pwoblèm li genyen an, tè a kase epi kote li kase a wòch anba teren an gen tandans degrengole. Lè yo ranje kò yo byen ankò li vin kòz yon tranblemanntè. Nan kèk epòk petèt te ka gen gwo tranblemann tè nan Palestin. Wòch ki te rete bò kote tè a te defale, kote se larivyè Jouden an k'ap koule kounye a. Wòch ki pa t deplase yo, yo fonse trè fon. Wòch ki fòme bò Lanmè Mouri a yo te ale pi fon pase tout lòt wòch yo. Dlo natirèl kouri nan nivo sa yo, alò, se konsa larivyè Jouden an ak Lanmè Mouri a kòmanse fòme yo. Poutèt larivyè Jouden an te fòme nan fason sa a, vale a vin etwat, rebò li yo vin byen wo e kouran rapid anpil. Pwofondè vale sa a an relasyon avèk rès tè a, fè l' vin yon klima twopikal nan kote ki pi ba nan vale Jouden an.

Montay Palestin yo sanble yon pwent laj ki soti depi nan nò rive jouk nan sid nan mitan teritwa l la. Sa vin yon faz enpòtan tou pou klima Palestin nan. Yo gen yon enfliyans ki fò nan istwa pèp Bondye a nan tè sa a.

3. Kondisyon Atmosferik ak Klima Palestin nan

Palestin sitiye prèske plis nan sid tankou peyi yo ki nan sid Estazini Amerik. Nèj pa tonbe nan pi fò pati nan teren l' yo, e semans yo grandi byen an livè. Kèk bagay pa kapab grandi nan lete paske li twò cho e twò sèk. Se lanmè a, mòn yo, vale a ak dezè a ki detèmine presipitasyon mwayèn lapli nan Palestin. Lapli tonbe la pandan sèt mwa nan lane a. Li fè anpil gwo lapli nan Oktòb, se sa Bib la rele kòm lapli ki vini bonè a. Lapli sa yo fè tè a vin swa epi prèt pou laboure ak pou plante l'. Lapli a diminye pandan livè, men jeneralman yo kontinye tonbe yon kantite ki sifi pou plant yo grandi. Nan fen mas ou avril gen yon lòt espas tan ki gen anpil lapli, Labib rele tan sa, sezon lapli. Lapli sa yo bay plant yo denyè fòs pou yo grandi. Se nan Avril oubyen nan Me rekòt yo bon pou rekolte.

Nouriti Palestin depann anpil sou tan lapli a. Si lapli pa tonbe ap vin gen grangou, si lapli a vin ta, rekòt yo ap chetif e pèp la pa p kapab reziste.

Lapli pa tonbe menm kantite menm jan nan tout peyi Palestin yo. Kèk kote li fè anpil lapli e lòt kote yon ti kras. Sitiyasyon an esplike sa jeneralman. Rejyon nò yo, prèske toujou resevwa plis lapli pase rejyon sid yo. Mòn yo se yon faz ki trè enpòtan nan sa tou. Mòn yo fòse nyaj yo ki chaje dlo lapli leve. Sa fè lapli a tonbe sou koulin solèy kouche yo. Lè nyaj yo rive nan pati sou kote solèy leve nan peyi a, konsa li rann bò kote solèy leve nan Palestin nan trè sèch.

4. Divizyon Palestin

Sitiyasyon natirèl Palestin yo divize byen kle nan seksyon byen detèmine. Plenn kòt la tann kò l' nan tout longè lanmè Mediterane a epi li kouvri tout longè Palestin nan. Li pi laj toujou nan sid pase nan nò. Esepte yon kote etwat, zon izole ak sabki pa kapab pwodwi, men plenn nan bon anpil pou agrikilti. Sepandan plenn kòt la pa janm rive efektivman fè pati Izrayèl. Nan zonn sid, kote ki te reyelman dezirab la, pati kote filisten yo te gouvènen an. Se sèlman diran gouvenman wa David la ak Salomon Izrayèl te kapab, pandan kèk tan gouvènen plenn sa a.

Lè nou avanse nan zonn est plenn lan, nou vin sou montay ki awo peyi a, oubyen sou zonn west kote solèy kouche. Zonn montay sa a kòmanse depi nan nò Bècheba e li etann ni sou nò, jouk li rive nan peyi Liban. Kolin yo sispann nan yon pwent yo rele Plenn Esdrayelon. Ki tann kò li depi solèy leve Mòn Kamèl rive jouk larivyè Jouden an. Rejyon kolin sa yo nesesè sou pi gran enpòtans evennman istwa Izrayèl yo. Galile, Jide ak Samari okipe rejyon sa a.

Pati ki plis nan nò rejyon mòn yo konnen kòm Galile a. Jezi te viv Galile jouk nan kòmansman lèv li. Galile te kòmanse depi nan nò nan rak bwa Liban epi li desann jouk nan rejyon kolin ki kouvri ak rak bwa ak jaden fètil yo ki rive nan kòt ak lanmè Galile a, yo rele li Anba Galile. Rès rejyon ki rete a se Galile, sila ki mansyone anpil nan Levanjil yo. Se yon ti zòn, ki «mezire sèlman 30 kilomèt nan longè pa 12 nan lajè; men li gen yon anviwonman agreyab. Li pa manke lapli kote sa, dezè a pa dekouvwi, e nan prentan chak bò larivyè a gen anpil flè e chak teritwa yo rich avèk grenn» (Denis Baly, The Geography of the Bible, (Gewografi Labib la), paj 190). dlo sifi e l te gen vilaj nan tout chan yo. Men sifas kote lapli tonbe sifi a te piti. Epi plantasyon yo te detwi byen vit, apre, li vin konvèti nan yon dezè esteril. Pati sa a nan Palestin enpòtan anpil pou nou, prensipalman paske jwif yo te vwayaje bò kote solèy leve Jouden an, pi byen pou travèse Samari, peyi yo te rayi a. Lè chèf jwif yo t ap chache pou yo touye Jezi, li te chape kò l' bò kote solèy leve Jouden an pou l' chache sekirite pou lavi li yon ti tan.

Se Samari ki divize Jide ak Galile, pozisyon li pèmèt yon kominikasyon lib avèk moun andeyò l. Se poutèt rezon sa a Jwif prejije yo nan Jerizalèm ak nan Jide yo te meprize l, pèp galile a di yo twò endepandan dapre jan yo panse, yo twò fasil pou enfliyanse pa moun lòt peyi yo. Men se te yon rejyon ki te beni poutét lèv Kris la. Se nan Galile Jezi te vizite anpil vil ak vilaj pandan tounen misyone li yo, pa ezanp: Nazarèt, Kana, Kapènawòm ak Betsayida.

Bò kote sid Galile ki divize Jide a, nou jwenn Samari. Nan nò Samari sòl teren an fon anpil, li gen yon pati sid laplenn Esdrayelon. Men nan zòn sid sòl teren an leve menm ote ak wotè ki sòl nan Jide a.

Ankonparezon, Samari pa gen anpil enpòtans pou etid nou sou lèv Kris la. Rayisab ant jwif ak samariten yo te fòme e li te grandi diran plizyè syèk nan rankin ak lit. Sepandan, Jezi pat santi li mare akòz rankin sa yo. Kèk fwa nan vwayaj li yo, li te konn pase Samari. Youn nan evènman yo te pase andeyò vil Samari a, kote yo rele Sika a (Jan 4).

Rejyon ki sitiye plis nan sid tè ki pi wo yo se te Jide. Menm ke pwovens Jide yo te gen plis teritwa, pati kote Jezi te fè pakou lèv li a, li gen fòm yon ze ki gen 48 kilomèt nan longè ak 29 kilomèt nan lajè. Fòm ze a kole nan chenn mòn nan ki soti depi Jide Nò rive jouk nan Sid. Chenn mòn sa a divize teritwa a. Okenn pòsyon zòn sa a pat fètil; men pwent mòn yo te toujou resevwa yon bon kantite lapli e konsa yo te kapab pwodwi grenn, rezen ak fwi doliv yo.

Nan lantouraj mòn yo kote solèy kouche, pa gen anpil lapli. Sa rann li esteril ak anpil karyann, sa fè yo vin prezante yon sipriz opozisyon diferans e jaden ak chan ki plante rezen yo bò kote solèy kouche pa two bon. Nan kote sidès la rejyon sa a rive nan dezè Jide a. Nan gran vas tè sa a, se la Satan te tante Jezi. Kote sa a li pa janm gen sifi lapli ki pou ede agrikilti kapkab posib. Se yon savann dezole li ye; kote ou jwenn dlo san lavi nan Lanmè Mouri a.

Pati ki gen plis enpòtans nan Jide a se Jerizalèm ak tè sou kote li yo. Jerizalèm te sitiye presizeman nan bò solèy leve nan mòn yo ki divize Palestin e li nan faz bò tè ki desann pou rive jouk nan Jouden an, toupre dezè a. Oparavan, yo te bati vil la sou tèt mòn nan kote tè a pi wo ki eskape yo desann toupatou. Sitiyasyon sa a te konvèti li nan yon kazèn ki rèd anpil. Sepandan nan tan Jezi a, vil la te etann ni sou tout mòn nan, nan vale ki pi piti yo e sou tout kolin ki pre l' yo. Jerizalèm ta ka pa bèl, men pou jwif yo se li ki te vil pi gloryez nan monn nan. Paske se ladan l' tanp Letènèl la te ye. Li enpòtan pou nou paske se li ki te sant travay lèv Jezi a nan Jide.

Nan kote solèy leve a, mòn yo jwenn yon pwofon vale ouvè sou Jouden an. Jouden an kòmanse nan vid mòn Liban yo, pou rive jouk nan sid e li rete byen vit atrape ant ouvèti ki fèt nan kote ki wo ki depase mildesan pye. Kouran etwat sa a vin louvri nan lanmè Galile a kote longè li se diznèf kilomèt e lajè li se uit kilomèt. Nan epok Jezi a lanmè sa a oubyen letan an se kote yo te fè anpil aktivite. Te gen anpil ti vil toutotou kòt la e te gen yon ventèn kannòt ki t'ap navige sou dlo a. Anpil fwa Jezi te navige sou li tou.

Anba lanmè Galile a kolin yo vin fèmen sou larivyè a ankò, ki fè vin gen yon vale ki pi laj presizeman devan Lanmè Mouri a. Sa te bon pou agrikilti e l' te gen yon klima twopikal. Anndan vale sa a larivyè a fòme yon lòt pwofonn vale ki gen senkant mèt edmi epi nan lòt pati yo lajè li se yon kilomèt edmi li ye. Vale sa a gen yon forè melanje. Nan tan Kris la bèt sovaj yo te rete la. Nan tan lontan menm lyon yo te rete la. Se pa tout kote moun te ka travèse forè ki te antoure dlo a.

Bò kote solèy leve vale Jouden an, ki kabre krèt yo ki leve jouk nan mòn ki pi wo a. Toupre vale a mòn nan te toujou gen

Tè Palestin nan te piti anpil, li sitiye nan lanbouchi mòn nan epi kote lamè ak dezè a bòne l la. Li te nesesè pou yon gran kantite varyete ak gwo diferans. Men laglwa Palestin nan pa baze nan dokiman sa yo. Nou sonje li poutèt Youn ki te fè chemen l, li te vizite lavil li yo epi navige sou dlo l yo. Nou sonje li tankou kay Bondye a nan jou li te tounen moun lan.

Kesyon Sou Etid La

1. Pouki sa Palestin se te yon peyi enpòtan pou lòt peyi ki antoure l yo?
2. Kòman sitiyasyon Palestin nan ede nou pou n esplike varyete teren li ak klima li?

3. Ki sa vale Jouden an gen ki fè l esepsyonèl?
4. Nan ki mwa lapli tonbe nan Palestin?
5. Nan konbyen kote li fè lapli pi plis an Palestin?
6. Pouki sa pa t gen anpil enfliyans nan plenn kòt la sou lavi Jezi?
7. Pouki sa abitan Jide yo meprize moun Galile yo?
8. Fè yon dekripsyon sou Jide.
9. Fè yon dekripsyon sou sitiyasyon topografik Jerizalèm.
10. Fè yon deskripsyon sou vale Jouden an.

Pou Etid Siplemante

1. Itilize materyèl sou referans yo pou dekouvri ki jan mòn yo fòme, kòman yo modifye lapli e kòman yo konvèti nan ewozyon.
2. Pouki sa jwif yo te rayi Samariten yo? Gade I Wa 9; 2 Wa 17; Neemi 4.
3. Chache nan kat fètil Demi Lalin nan. Poukisa se nan Palestin anpil wout komèsyal yo te pase?

CHAPIT 4

PÈP NAN PEYI NATAL KRIS LA

Keksyon Pou Preparasyon Not editè: Nou fò servi ak map yo nan Bibla nou padan nap etidye chapit 4.

1. Kilès ki te chèf relijyez e politik yo an Palestin nan tan Kris la?
2. Ki kwayans ak pratik relijyez pèp jwif yo te genyen?
3. Kòman yo te konn fè edikasyon pitit yo?
4. Jouk nan ki pwen relijyon jwif la te gen enfliyans nan lavi kotidyen yo?

Entwodiksyon

Si peyi Palestin nan enterese nou, se paske nou asosye li avèk Kris. Se sèten, pèp kote li t'ap viv la ta enterese nou tou. Pami moun sa yo nou jwenn zanmi l' yo, paran l yo, vwazen li yo e menm lenmi l' yo tou. Se yo ki te fòme foul ki t'ap swiv li a. Vwa yo t'ap rele mande l pou l ede yo, yo te fè lwanj pou li lè l t ap antre Jerizalèm, epi pita se menm yo menm nan ankò devan Pilat ki te mande pou krisifiye l. Li te anseye nan sinagòg yo ak nan tanp la. Kay yo ak kannòt yo te sèvi kòm refij. Relijyon yo ak koutim yo, menm jan tankou kilti yo tou, te enfliyanse panse yo nan ansèyman Jezi a. Definitivman, lavi Jezikri, te fè youn ak lavi moun li te vini jwenn yo.

Pèp Palestin nan se jwif yo te ye nan tan Jezi. Se pitit pitit Abraram yo te ye. Papa yo ak manman yo se moun ki te delivre anba esklavaj nan peyi Lejip, e yo te konkeri tè sa a kounye a kote zansèt yo te viv la. Moun pretansye ògeye sa yo pretann se yo menm ki mèt lalwa Bondye a. «Se ak yo li te pase kontra li yo. Li te ba yo lalwa. Li te montre yo jan pou yo sèvi l', Se yo ki te resevwa pwomès li yo (Wòm 9:4.).

Men pèp sa se pitit pitit jwif yo ki te refize eritaj yo tou, ki te meprize avètisman Bondye e yo te adore fo dye payen yo. Se te pitit pitit moun yo ki te refize mesaj Bondye te voye ba yo pa pwofèt li yo, e sila yo Bondye te voye al anegzil, kòm pinisyon pou peche yo.

Nan tan Jezi a te gen plis jwif ki te dispèse nan tout gouvènman women an, pase sak te nan Palestin. Dispèsyon sa a moutre byen klè chatiman Bondye sou pèp li a. Nan kèk sans jwif ki te dispèse yo te pi enteresan e pi enpòtan pase jwif nan Palestin yo. Men Jezi te viv pami denyè rès sa yo e se nan yo li te gen misyon li, e se sou yo menm nou pral fè etid nou an.

1. Gouvènman Li a

Nan tan Jezi a Palestin te fè pati gouvenman wòm nan. Esepte Itali, li menm, gouvenman wòm sa a te divize nan plizyè pwovens. Te gen diferant gouvènè ki t'ap gouvènen nan pwovens sa yo epi se anba Wòm yo te ye. Lè Jezi te fèt, peyi Palestin nan antyèman se te yon pwovens ki te gen yon wa ki t'ap gouvènen l, Ewòd Legran. Lè Ewòd mouri tè a te divize nan kèk tipwovens pi piti, konsa yo te ka bay chak pitit jwif yo yon pòsyon. Yo te bay Akelayis ki t'ap gouvènen peyi Jide a (Mat. 2:22); Ewòd gouvènen nan peyi Galile e Filip t'ap gouvènen nan rejyon nò kote solèy leve zòn lanmè Galile (Lik 3:1). Ewòd ak Filip te kontinye ansanm nan rèy yo pandan misyon Kris la, men Akelayis te gouvènen sèlman pou yon ti tan trè kout. Apre lanmò Akelayis, pwovens Jide a te rete dirèkteman anba kontwòl anperè gouvènè yo ki te responsab anvan li. Pilat se te youn nan gouvènè sa yo.

Epitou apre gouvènè pèp women an yo te mete yo, pèp jwif la te gen lòt militè ki egzèse otorite sou yo, sa se te Gran Konsèy jwif yo. Se te yon asanble 70 ansyen jwif. Legalman, te gen otorite inik nan zafè relijyez yo. Men te gen okazyon lè wa yo ak gouvènè yo te ba yo kèk otorite nan zafè sivil yo tou. Nan levanjil yo, kò sa a yo ba l' non «gran konsèy jwif yo», Matye 26:59, ak «Gran konsèy jwif yo», Lik 22:66. Se Gran Konsèy jwif yo a ki te jije Jezi epi apre li te voye li bay Pilat.

2. Lidè yo

\ Gran konsèy jwif yo te gen eskrib, farizyen ak sadiseyen ladan l'. Eskrib yo se te moun ki te etidye e ki te mèt lalwa. Farizyen yo ak Sadiseyen yo se manm pati relijyez la yo te ye, yo sanble anpil ak pati politik nou yo. Yo chak te apiye yo sou kwayans relijyez yo.

Posisyon eskrib la pwobableman ekziste depi nan tan egzil nan Babilòn nan. Pou yo te kenbe antite yo tankou pèp Bondye etan y ap viv nan peyi etranje yo te oblije òganize lavi relijyez yo. Se konsa vrèman yo te fè sa, yo te santre relijyon yo sou etid pawòl Bondye a. Chanjman sa te nesesè nan fason yo adore Bondye sa te anime kèk moun pou yo te ofri yo volontèman nan fè etid sou lalwa Bondye a. Se nan kontèks sa a ki fè yo te rele yo eskrib .

Okòmansman, eskrib yo te konsakre tan yo nan etidye pawòl Bondye a sèlman. Men nan tan pase, yo te kòmanse entèpretasyon lalwa ak fòme moun pou vin eskrib. Toudabò, pandan epòk Kris la, etid entèpretasyon sa yo-- yo te konsidere tradisyon an gen plis enpòtans pase pawòl Bondye a.

Pèp la te gen yon gran respè pou eskrib yo, paske se etidyan ak mèt lalwa yo te ye. Poutan, anpil fwa yo konn rele yo «Rabi» ki se tit respè e ki vle di senyè oubyen mèt.

Anpil nan eskrib yo se manm nan pati farizyen an yo te ye. Tèm «farizyen» sa a vle di «moun apa yo». Li posib ke se enmi yo ki te ba yo non sa a , men sa te bay reflè nan lavi yo. Bi yo se te pou yo rete fidèl ak Ansyen Testaman e ak tradisyon papa yo, konsa tou yo evite tout kontak avèk bagay ki kapab mennen yo nan peche.

Farizyen yo asepte tout Ansyen Testaman an pou pawòl Bondye. Men yo entèprete Labib selon tradisyon eskrib yo ak ansyen yo. Yo sèvi ak pwòp entèpretasyon pa yo sou Labib ak tradisyon ansyen yo. Yo te fè yon kòd lalwa ki te afekte lavi yo tout antye. Yo te eseye konsève lwa sa yo jouk nan dènye lèt li, tankou jan nou wè yo di anpil fwa nan levanjil yo. Farizyen yo fè jèn anpil fwa (Mat. 9:14), «bay Bondye ladim nan jaden yo, pye sitwon, ak pye legim» (Lik 11:42), «Anpil fwa si yo pa lave men yo yo pap manje» (Mak 7:3). Yo te jalou anpil pou lalwa yo a. Men prensip yo te plis chita sou tradisyon lòm pase sou lalwa Bondye.

Farizyen yo se te sèt relijye ki te pi gran pami jwif yo, sepandan li te yon ti gwoup piti akoz kondisyon pou yon moun rantre ladan l te twò rèd. Nan tout fason, farizyen yo te trè popilè, trè aksyonè, epi moun sinagòg yo espesyalman te asepte yo pou dirijan.

Yon lòt pati, se pa sadiseyen yo, yo menm yo te prèske toujou opoze ak farizyen yo. Pa gen pèsonn ki konnen siyifikasyon non «sadiseyen yo» ni orijin pati a nonplis, konsa non sa a rete enkoni pou nou. Sadiseyen yo asepte inikman senk liv Moyiz yo kòm pawòl

Bondye e yo refize entèpretasyon eskrib yo. Tandans yo, se pou yo kwè sèlman sa yo kapab konprann, epi konsa yo te refize doktrin rezirèksyon an ak egzistans zanj yo (Travay 23:8). Ni yo pa t obsève tout règleman yo ki te tèlman enpòtan pou farizyen yo.

Sadiseyen yo pa t tèlman popilè tankou farizyen yo, sepandan yo te gen anpil otorite paske gran prèt la ak fanmi li se sadiseyen yo te ye. Gran prèt la se te ofisye relijye e politik pozisyon ki pi wo jwif yo te genyen. Se li ki te prezidan Gran Konsèy jwif yo, e se li menm ki te anchaje pou fè kontak relasyon politik avèk women yo. Se poutèt sa, sadiseyen yo te gen anpil fòs avèk otorite women lan. Pouvwa politik sa a te reyalize an favè yo pou yo te kapab gen enfliyans sou Gran Konsèy jwif la epi yo sèvi ak pouvwa sa a nan pwòp avantaj yo. Se pati jwif yo ki t ap gouvènen yo.

3. Literati yo

Jwif yo se yon pèp ki te domine pa yon liv ki se Ansyen Testaman. Se liv sa a ki te sèvi fondasyon pou relijyon yo ak konstitisyon ki dirije lavi yo kòm yon nasyon. Se sou li doktrin yo kwè a baze, fason yo fè sèvis adorasyon yo ak lalwa ki gouvènen lavi yo chak jou. Se pamwayen liv sa a, yo te siyale ki moun ki te zansèt yo menm Abraram, papa lafwa yo. Ansyen Testaman an se yon liv ki gen anpil enpòtans nan monn lan. Li pa t anyen plis pase Pawòl Bondye a, ke Bondye te enspire kèk moun pou ekri l. Jwif yo te mete Labib nan yon wotè ki wo anpil, konsa yo fè l' vin sant nan adorasyon, edikasyon, epi nan tout lavi yo tou.

Lè kèk jwif ki te gaye, yo te jwenn yon anbyans Grèk, yo te santi yo bezwen Labib nan lang sa. Malgre kèk nan yo te pale e li ebre, sepandan grèk se lang yo te pale lakay ak nan komès yo. Konsa Labib ki te nan lang ebre a te tradwi nan lang Grèk. Se konsa tou, yo te rekonèt tradiksyon sa a avèk non (swasanndis) 70. Sèvis tradiksyon sa a li te gaye, epi anpil referans Ansyen Testaman an nou jwenn nan Nouvo Testaman te baze sou tèks tradiksyon (swasanndis) sa a. Jwif yo te kondisidere l tankou yon liv kretyèn, poutèt sa, yo te fè pwòp tradiksyon pa yo pou yo itilize.

Ansyen Testaman an se te yon liv relijyez ki te pi enpòtan, men se pa t li menm sèl. Lè Ansyen Testaman an te konplete ant syèk 3 ak 1 anvan Jezikri. Gen lòt liv relijyez yo te ekri ki te parèt nan

Palestin tou. Te gen nan yo, yo te mele nan tradiksyon Septant lan, men jwif yo pa t janm aksepte yo kòm Pawòl Bondye revele. Yo te rele liv sa yo, «liv Apokrif» nan lang Grèg. Liv Apokrif yo montre nou panse jwif yo te genyen diran peryòd ki pase ant de Testaman yo, epi yo ede nou konprann jwif yo nan tan Jezi a tou.

Apre, liv sa yo, te genyen yon lòt «tradiksyon ansyen yo» ankò, Matye 7:3. Te gen ladan l' entèpretasyon Ansyen Testaman eskrib yo te fè a. Nan jou Jezi yo, yo te transmèt tradiksyon sa yo nan yon fòm oral; se pat rezime nan fòm ekri yo te ye, osinon se jouk dezyèm syèk apre Jezikri a yo te rekonèt yo kòm Mishna.

4. Relijyon Li

Relijyon jwif yo jwenn soti nan Ansyen Testaman. Gen 4 dokrin patikilyèman ki gen plis enpòtans pou yo, men yo:

(1) Se Letènel sèl ki vrè Bondye vivan an. Se Letènèl sèl ki te kreye syèl la ak tè a. Alò, se li menm sèl lòm dwe adore.

(2) Bondye te fè kontra avèk Abraran, e li te chwazi Izrayèl kòm pèp li a. Pamwayen kontra sa a, Izrayèl te resevwa benediksyon delivrans la e kominyon avèk Bondye. Kontra sa a te etabli kòm yon devwa pou Izrayèl adore Letènèl sèlman epi obsève lalwa li.

(3) Lè yo dezobeyi kontra sa a, yo fè peche. Lè Izrayèl pa obeyi lalwa Bondye yo, oubyen lè yo adore lòt bondye, pwofèt yo denonse aksyon sa yo ki se peche. Lè pèp Izrayèl kontinye nan peche yo, Bondye te pini yo.

(4) Pwomès kontra yo te dwe akonpli pafètman nan yon nouvo tan, lè Bondye ta efase peche sa a konplètman. Nouvo tan sa a te gen relasyon avèk Mesi (Jezi) a Bondye ta pra l voye pou gouvènen tout moun pou tout tan.

Tout sa yo se vrè doktrin nan, Bondye te montre yo nan Ansyen Testaman. Men jwif yo pa t rete nan doktrin sa yo. Konsa, yo te ajoute yon gran asamblaj tradisyon nan Ansyen Testaman, epi konsa yo te pèveti ansèyman Ansyen Testaman an ki fè li vin difisil pou konn sa.

Relijyon Ansyen Testaman an te montre a, se te yon relijyon nan kè; sepandan jwif yo ki te nan pouvwa nan tan Jezi a, yo te konvèti li nan yon rit sinp. Ansyen Testaman an te mande, yo dwe gen lamou pou Bondye pase tout lòt bondye. Men, jwif yo te kwè Bondye te mande yo sèlman pou yo obsève lalwa yo ak seremoni yo. Ansyen Testaman an montre kontra Bondye te pase avèk Izrayèl la se te chemen delivrans la; poutan jwif yo te chanje l, yo te kwè se li ki te garanti delivrans sèlman, e se pou jwif yo sèlman li te ye. Ansyen Testaman an montre, Mesi a ap vin pou etabli yon gouvènman inivèsèl k ap gen lapè ak lajistis; jwif yo, okontrè, yo te kwè Mesi a ap vin kraze gouvènman women an pou etabli gouvènman jwif yo ak pouvwa l. Chèf jwif yo te kont Jezi avèk tenasite depi li te kòmanse chase tout vye tradisyon ki te pèveti Pawòl Bondye a.

5. Adorasyon Li

Adorasyon primitiv jwif la te gen relasyon avèk tabènak la, ak tanp la. Bondye te bay pèp Izrayèl la kòmandman li yo, li te byen presize sou fòm kòman yo dwe adore li, ak ki kote yo te dwe adore li. Premyèman yo te adore Bondye nan tabènak la. Tabènak la se te yon tant ki te fèt an po ak twal, yo te kapab vwayaje ak li. Men lè yo te etabli yo nan tè Kanaran an, Bondye te bay yo lòd pou yo bati tanp lan. Tanp sa a se Salomon ki te bati l, depi lè sa a se nan tan plan yo te fè sèvis adorasyon pou Bondye.

Youn nan pi gran siyifikasyon adorasyon nan tanp lan se te ofri ofrann sakrifis pou Bondye sou gran lotèl la ki nan tan plan. Yo konn fè sa chak jou an favè tout pèp la. Konsa tou, yo te kapab ofri tou kèk olokòs pèsonèl, avèk èd prèt yo. Se yon sèvis adorasyon ki te fè pati seremoni olokòs yo te konn fè chak jou yo.

Prèt yo te dwe swiv yon seri rit nan sèvis adorasyon anndan tanp lan. Lè konsa yo ofri lansan, yo prepare lanp an lò a, e yo te pran swen tab ki toujou gen pen an. Lè nou li istwa sou Zakari a (Lik 1:8-10), nou wè kongregasyon an t'ap tann deyò lotèl la nan lakou a pandan prèt yo t'ap reyalize kèk nan seremoni sasèdotal yo.

Lè pèp Babilòn nan te pran Jerizalèm nan ane 586 avan Kris, yo te kraze Tanp lan e yo te depòte pèp la. Nan peyi kote yo te mennen yo a yo pa t kapab adore Bondye menm jan yo te konn fè l nan Jerizalèm. Laba kote yo te ye nan egzil la yo pa t kapab ofri sakrifis yo. Ni yo pa t kapab reyini jou fèt yo. Aprè yo te viv plizyè syèk san yo pa t pratike relijyon yo, yo te kòmanse ap pratike koutim ak relijyon payen yo. Epi konsa tou, yo te vin pèdi idantite yo kòm pèp Bondye a.

Tandans sa a te ankouraje yo pou kreye yon yon altènativ ki kapab sèvi pou ini pèp la. E se konsa, yo te rive jwenn yon nouvo estil adorasyon ki te mete aksan sou etid Ansyen Testaman, espesyalman sou lalwa. Se konsa nan chak gran vil ak nan chak ti vil kote jwif yo te etabli yo pèp, yo te kòmanse mete yo ansanm pou etidye pawòl Bondye a. Se te aktivite sa a ki te gide pou etabli yon sinagòg oubyen lokal pou reyinyon. Ti senp adorasyon sa a te devlope gradyèlman. Fòm adorasyon sa a te chita sou fè moun resite kredo (krayans) jwif (Det. 6:4,5) nan lapriyè, nan lèkti Pawòl la ak nan predikasyon pawòl la. Yo te gen yon lè fiks pou reyinyon yo, epi ofisye yo pran swen sinagòg la. Sinagòg yo, te rive vin yon kote jwif yo ki gaye nan tout lòt peyi egzile yo, te kapab kenbe tèt yo ansanm kòm yon pèp apa.

Pandan rèy wa Siris a, kèk jwif te tounen Jerizalèm pou rebati tanp la. Poutan, tout sak te rete nan peyi kote yo egzile a kontinye sèvis adorasyon yo nan sinangòg la. Lè yo te rekonstri tanp lan sa pa t vle di yo fini sinagòg yo. Okontrè, kwak yo te nan Jerizlèm yo te toujou etabli sinagòg yo, epi yo te kontinye nan sèvi ak toulede fòm sèvis adorasyon sa yo. Nou li sou fason Jezi avèk apòt yo te konn adore nan tanp lan ak nan sinagòg yo.

6. Jou Fèt Yo

Youn nan pati enpòtans nan sèvis adorasyon jwif yo, se te jou fèt yo oubyen jou yo chwazi pou adorasyon ak pou fè lwanj pou Bondye. Sa nou jwenn pi souvan nan jou sa yo : Se te jou repo a, setyèm jou nan chak senmenn. Olòkòs yo, espesyalman yo te konn fèt nan tanp la, jou sa a, tankou sèvis adorasyon yo tou nan sinagòg.

Apre Jou Repo a, te gen sèt fèt yo te konn fè chak ane, yo te make nan almanak jwif yo, yo te konn sèvi ak lalin pou kontwole dat yo. Ane jwif la te kòmanse jeneralman nan sa ki koresponn ak mwa avril nou an. Fèt yo se te: Pak, Pannkòt, Twonpèt yo, Sèvis pou padon, Joupa yo, Limyè yo, ak Pourim. Premyè senk fèt sa yo se Bondye ki te tabli yo nan Ansyen Testaman. Bondye te di tout gason jwif dwe vini Jerizalèm pou fete Fèt Pak la, Pannkòt, ak Fèt Joupa yo. Fèt limyè yo te selebre pou rekonsakre tanp la, se Jida Makabe ki te reyalize l (gade nan paj 17 la pou wè) Fèt Pourim lan te etabli pou selebre delivrans jwif yo, li te mansyonen nan liv Estè a.

Se Fèt Pak la ki te pi enpòtan pou jwif yo. Yo te kòmanse selebre li depi katòz pou rive jouk venteyen nan premye mwa a. Li koresponn nan senmenn Rezirèksyon an nan almanak pa nou an. Fèt sa a, te fè yo sonje pou tout tan, delivrans pèp Izrayèl la aba lesklavaj nan peyi Lejip. Tout gason jwif ki te viv pre Jerizalèm te dwe rantre nan vil la pou patisipe nan fèt sa. Anpil moun ki te fè pelerinaj te soti tout kote nan mòn nan pou vin patisipe nan gran selebrasyon sa a.

Yo te konn selebre Fèt Pannkòt la senkant jou apre Fèt Pak la. Alò men sa non li vle di, donk li soti nan yon mo grèg ki vle di «senkantyèm jou».

Jwif yo te konn rele l' tou, Fèt Senmenn yo, poutèt se sèt senmenn ki te pase apre Fèt Pak la. Kèk fwa yo te konn rele li tou fèt danre. Paske li te vin lè rekòt ble a te kòmanse. Yo te pote nan fèt sa a de gwo pen (yo chak te peze de liv konsa), ki fèt avèk nouvo ble a, Se yo, yo te konn ofri Seyè a. Fèt Pannkòt sa a te mennen anpil vizitè Jerizalèm e peleren ki te soti lwen pou patisipe nan fèt Pak la, anpil fwa yo te konn rete Jerizalèm pou tann Fèt Pannkòt la tou. Pou kretyen yo, fèt sa a enpòtan paske se te jou Sentespri a te desann sou legliz la. Jwif yo te genyen yon ane sivil ki te kòmanse avèk premye jou nan septyèm mwa kalandriye relijyez yo. Li koresponn ak mwa Oktòb nou an konsa. Jou sa a, Jwif yo te selebre Fèt Twonpèt yo, e yo te kòmanse jwè misik nan tanp lan depi maten jouk nan nwit nan premye jou ane sivil la. Nan liv Neemi an (Ne. 8:1-12) nou wè nan selebrasyon an yo te konn li lalwa ak anpil jwa. Nan jou Jezi yo, fèt sa a yo te konn selebre li nan sinagòg yo nan tout peyi Palestin nan, se poutèt sa tou, se kèk nan peleren yo ki te vini Jerizalèm pou selebre li.

Setyèm jou nan setyèm mwa a se te Jou ekspiyasyon an. Se te yon jou jenn ak dèy nasyonal. Nan jou sa a chèf prèt la te konn ofri sakrifis espesyal pou peche, pou li ak pou tout pèp la. Li te pote san an jouk li rive kote ki apa nèt pou Bondye a. Li te fè sa pou sèvi padon pou peche Izrayèl pou tout ane ki pase yo. Apre sa, Chèf prèt la mete men l sou tèt mouton an epi li mande padon pou peche tout nasyon. Apre, li pote mouton an nan dezè a kòm siy ki vle di, Bondye pa p janm sonje peche sa yo ankò ki kouvri anba espiyasyon sa a. Jou Sèvis padon an se te jou ki te gen pi gran enpòtans nan almanak relijyez jwif la.

Fèt Tabènak yo te vini senk jou aprè sèvis padon an, e li te dire uit jou. Se te yon fèt memorab pou mizèrikòd letènèl anvè pèp Izrayèl la lè li te nan dezè a. Moun yo te abite nan tabènak la diran sèt jou, oubyen tant yo te fè ak branch bwa. Yo konn ofri anpil sakrifis diran jou sa yo. Uityèm jou a se yon gran rasanbleman pèp la, epi se te fèt ki te gen plis kè kontan pase tout fèt jwif yo.

Fèt Limyè Yo, yo te rele tou fèt dedikasyon, se te yon fèt uit jou tou, li te kòmanse jou vennsenk nan nevyèm mwa a. Jeneralmann li te tonbe nan menm epòk jou Nowèl la. Li te tabli premye fwa nan ane 164 anvan Jezikri, lè Jida Makabe te pirifye e rekonsakre tanp lan. Pandan fèt sa a yo te boule anpil limyè nan kay jwif yo, epi yo te rakonte timoun yo tout istwa Makabe yo.

Fèt Pourim nan, te selebre katòzyèm jou nan dizyèm mwa dezyèm lane a. Yo selebre l' nan fòm pou delivrans jwif yo anba penn lanmò nan tan gouvènman Pès la, yo te fè l' tounen yon jou fèt nasyonal, pi plis pase yon festival relijyez. Yo te fè yon sèvis espesyal nan sinagòg la. Kote yo te li tout liv Estè a. Men tout rès fèt la vin gen yon sans patriyotik.

7. Edikasyon Yo

Jwif yo bay edikasyon anpil valè, espesyalman edikasyon relijyez la. Anfaz yo mete sou Ansyen Testaman an vin rann li nesesè pou yo te gen yon edikasyon kèlkonk. Lòt relijyon yo gen siksè avèk ignorans, men yon relijyon ki montre revelasyon Bondye nan yon dokiman ekri, li egzije yon edikasyon. Paske Sèvis Adorasyon nan sinagòg la te adapte ak bezwen sa a, donk lekti ak esplikasyon Pawòl Bondye a te ede moun yo aprann sa Pawòl la di. Edikasyon timoun jwif yo te kòmanse nan kay. Nan tout kay vrè jwif yo, timoun yo te aprann kredo (sa jwij yo kwè) jwif yo, ki soti nan Detwonòm 6:4,5. Yo te dwe memorize kèk pasaj nan lalwa Moyiz la, kèk Sòm ak kèk pòsyon nan pwofèt yo. Nan tan Kris la, prèske tout pèp Palestin nan te deja genyen yon lekòl, e timoun yo te asiste depi nan laj 6 ane pou rive 7 tan. Ti fi yo pa t ale lekòl, donk, konsa yo te aprann kèk bagay ki nesesè pou yo konnen nan kay la pou lè yo marye.

Generalman lekòl la se te yon chanm nan sinajòg la. Timoun yo chita nan demi sèk toutotou mèt la, e timoun yo te enstwi nan lalwa, nan tradisyon ansyen yo. Yo te aprann li ak ekri, e rezoud pwoblèm matematik fasil. Si kèk ti gason te genyen entelijans, ak dezi sifi pou rive eskrib, li kontinye nan etid li avèk kèk eskrib ki gen pi gwo konesans pase lòt yo. Yon egzanp sou sa se Pòl moun peyi Tasi (apòt Pòl) ki te etidye avèk Gamalyèl (Travay 22:3).

Apre edikasyon entelèktyèl lekòl nan sinagòg la, chak ti gason te dwe aprann kèk metye. Se poutèt sa tou Jezi te aprann ebenis (Mak 6:3) e Pòl te aprann fè tant (Travay 18:3).

Konklizyon

Yon Jwif nan epòk Jezi a se te yon moun trè relijye. Pou konprann li, ou te dwe fè pati relijyon li. Lidè nasyonal yo se te lidè relijyez. Edikasyon li te baze sou relijyon li. Literati li se literati relijyon l. Kalandriye te sikile sou fèt relijyez yoTout lavi li te anba kontwòl règ yo e lide relijyon li.

Relijyon jwif la te fonde sou Ansyen Testaman. Se eskrib yo ki te entèprete l konsa, jouk li vin rive yon gid pou chak detay nan lavi a. Aprè tan an fin pase, entèpretasyon sa yo vin gen plis enpòtans pou jwif yo nan menm Ansyen Testaman an. Eskrib yo ak fariyzen yo te pran devan nan «glorifikasyon» tradisyon imèn sa a. Lè Kris te vini, li te montre jwif yo siyifikasyon relijyon tout bon Ansyen Testaman an. Men yo te deja anbarase kò yo ak vye règ sa yo, sa fè anpil nan yo pa t kapab separe ak yo. Yo konprann byen Kris te rele yo pou yo chanje lavi yo. Paske yo pa t vle chanje l, yo te prefere refize li nèt ale.

Kesyon Sou Etid La

1. Kòman yo te gouvènen Palestin nan tan Jezi?
2. Kisa Gran Konsèy Prèt la ye?
3. Ki moun eskrib yo te ye?
4. Ki diferans ki genyen ant yon farizyen ak yon prèt?
5. Kisa Septant lan ye?
6. Kisa Apokrif la ye?
7. Kisa Mishna a ye?
8. Ki ansèyman nan Ansyen Testaman ki baz lafwa jwif yo?
9. Kòman yo te adore Bondye nan Tanp la?
10. Ki kote orijin sinagòg yo soti?

11. Esplike diferant fèt jwif yo?

12. Kòman yo te konn fè edikasyon yon ti gason pou l te rive vin eskrib?

Pou Etid Siplemante

1. Ki chanjman egzil la te fè nan lavi jwif yo?

2. Eske lide jwif yo sanble li bon, pou fè chak ti gason aprann yon metye? Di rezon ou genyen yo la.

CHAPIT 5

REJIS MINISTE KRIS LA

Kesyon Pou Preparasyon

1. Ki diferans ki genyen ant levanjil Jan an ak lòt levangil yo?
2. Kilès moun sa yo ki te ekri kat levangil yo?
3. Pouki rezon yo te ekri kat levangil yo?
4. Ki karakteristik chak levangjil yo genyen?

Entwodiksyon

Prèske tout sa nou konnen sou Jezi yo soti nan levangil, Matye, Mak, Lik ak Jan. Pa gen referans sou li nan ansyen dokiman patikilye yo nan epòk li a. Lòt liv yo nan Nouvo Testaman an toujou pale sou Kris, men yo pa ogmante anpil tankou levanjil yo montre nou.

Levanjil yo se pa byografi Jezi yo ye. Nou sonje byen «levanjil» la vle di bòn nouvèl. Moun ki ekri levanjil yo pa t enterese pou ekri yon istwa konplèt sou lavi Jezi: Yo te vle prezante bòn nouvèl la sou li pi byen. Dezi yo se pou lemonn ka konnen «Men, lè lè a rive, Bondye te voye pwòp pitit li. Li soti nan vant yon fanm, li viv anba lalwa jwif yo, pou l te kapab delivre tout moun anba lalwa, pou n te kapab vin pitit Bondye» (Galat 4:4-5).

1. Levanjil Sinoptik yo

Lè nou konpare kat levanjil sa yo youn ak lòt, nou kapab wè, Matye, Mak, ak Lik sanble anpil, men Jan diferan ak yo.

Paske levanjil Sen Jan an gen anpil istwa ki nan lòt levanjil yo tou. Men Matye, Mak ak Lik yo genyen plizyè istwa kòmen. Konsa, anpil pasaj yo genyen fraz ak espresyon ki prèske gen menm sans. Se poutèt sa, twa levangil sa yo, yo rele yo levanjil «sinoptik». Mo «sinoptik» la vle di yo genyen menm lide nan deskripsyon lavi Kris la. Sa pa vle di yo pa gen diferans pami yo; men wi, panse yo baze sou menm bagay.

Nou kapab konpare kat levanjil yo tankou kat moun k'ap gade yon mòn. Gen twa nan yo ki ansanm. Youn nan yo, se yon atis, yon lòt se yon gewològ, e twazyèm nan se yon botanik. Yo tout wè mòn nan. Sak atis la apresye liy kin an koulè yo. Gewològ la pran nòt sou fòmasyon wòch yo, epi botanik la mete plis atansyon sou flè yo ak plant yo nan mòn lan. Si yo chak ta fè deskripsyon mòn nan, twa deskripsyon yo ta gen anpil pwen ankomen, paske yo te gade mòn nan nan menm sans. Men se konsa, chak deskripsyon va gen yon diferans selon enterè yo chak an patikilye. Katriyèm moun nan pa t menm kote avèk lòt twa yo, osinon, li te rete lòt bò mòn nan. Deskripsyon pa l' la diferan anpil ak pa lòt twa premye yo. Se konsa levanjil yo ye tou, Matye, Mak ak Lik kòm twa premye moun ki t ap gade ansanm, yo gen diferans endividyèl yo, men yo pataje menm opinyon. Epitou Jan cvangelis la se tankou katriyèm moun nan. Li wè lavi Kris la nan yon lòt sans ki diferan avè Matye, Mak ak Lik.

Gen anpil resanblans nan langaj yo ak sou tout sa yo rapòte nan levanjil yo. Gen kèk bagay nou kapab bay yo rezon, Pa egzanp, twa moun ki ekri yo, kapab te chwazi menm rezime istwa yo paske yo trè eksepsyonèl osinon paske yo te gen anpil enpòtans nan lèv Kris la. Se poutèt sa tou, yo rakonte l avèk anpil detay, pasyon ak lanmò Kris la. Resanblans yo genyen nan fraz yo kapab esplike, se paske istwa sa yo te repete anpil fwa. Petèt, te gen anpil kretyen ki te kapab repete yo mo pa mo. Yon lòt bagay ankò, gen kèk pwoblèm difisil ki egziste jouk kounye a ki pa t kapab rezoud, n ap pale sou relasyon twa levanjil sa yo. Sepandan, se Sentespri a ki te bay Mak ak Lik pawòl la. Chak levanjil se pawòl san tach Bondye yo ye. Chak levanjil se yon vrè temwayaj pou ministè Kris la.

2. Levanjil Selon Sen Matye

A. Otè li

Se Matye ki te ekri levanjil sa a, youn nan douz apòt yo. Liv la pa idantifye moun ki ekri l la, men tradiksyon legliz nan tan lontan an rekonèt li kòm Matye. Pa t egziste okenn rezon pou di se pa li. Paske, lefèt ke li te yon pèseptè, li te dwe gen fasilite pou pale lang grèg la tankou lang Arab natal li a. Pa gen rezon non plis pou kèk lòt moun ta bay liv li non Matye, paske li pa t tèlman koni anpil tankou lòt apòt yo.

Matye (yo te rele l, Levi tou) se yon pèseptè kontribisyon li te ye, pou byen di yon nonm ki t'ap touche taks pou gouvènè women an. Se te yon pozisyon lòt jwif yo te rayi anpil moun ki okipe pozisyon an. Lè Jezi te rele Matye pou l swiv li, non sèlman li te reponn, men li te envite tout lòt pèseptè kanmarad li yo nan yon festen, pou fè yo konnen Mèt la tou. Matye te swiv Jezi pandan tout lèv piblik li, e li te parèt nan lis douz apòt yo nan liv Travay yo. Tradiksyon an di li te pase kenzan ap preche nan Palestin, e pita li te vwayaje nan plizyè lòt nasyon ap preche levanjil la.

B. Okazyon ak rezon

Pi fò moun ki te fè pati Legliz primitiv la se jwif yo te ye. Yon ti tan apre pannkòt la se posib te gen kèk 20,000 kretyen jwif nan Jerizalèm. Men konpatriyòt yo te pèsekite kretyen sa yo. Yo te akize yo di yo pa obsève Ansyen Testaman an fidèlman. Yo te bezwen yon istwa sou travay Sovè a ki te kapab ba yo fòs nan moman eprèv yo, e ki te kapab ede yo pou fè lenmi yo wè ak prèv Jezi akonpli tout Ansyen Testaman an. Konsa yo kapab satisfè bezwen sa a, Matye prezante Jezi kòm Wa Mesyanik la. Se nan li pwofesi Ansyen Testaman an te akonpli.

C. Plan an

Matye:	Levanjil Mesi a	Chapit
I	Mirak vini Mesi a	1-2
II	Kòmansman Misyon Mesi a	3-4
III	Rezime Predikasyon Mesi a	5-7
IV	Prèv Pouvwa Mesi a	8-9
V	Esplikasyon Gouvènman Mesi a	10-13
VI	Anons Soufrans Mesi a	14-19
VII	Opozisyon Gouvènman Mesi a	20-23
VIII	Fiti Gouvènman Mesi a	24-25
IX	Lafen Soufrans Mesi a	26-27
X	Anons Viktwa Mesi a	28

D. Karakteristik yo

Gen plizyè karakteristik levanjil Matye ekri a ki distenge li ak lòt yo.
a) Matye bay referans sou ansyen Testaman pi plis pase nenpòt nan lòt levanjil yo. Nou ka konte 65 referans li bay konsa.
b) Matye sèvi ak kèk fraz jwif yo deja konnnen. Li pale sou «Gouvènman syèl la » plis pase «Gouvènman Bondye a». Li kapab, se paske jwif yo te genyen yon prejije kont itilizasyon oral la oubyen ekriti sou non Bondye a. Matye pale sou Jezi nèf fwa kòm «pitit David» sa a se yon tit Jwif. Tit sa a te itilize sis fwa sèlman nan lòt twa levanjil yo.
c) Matye bay pawòl Jezi yo pi gran enpòtans. Li foure sis diskou Sovè a nan levanjil li a: Matye 5-7; 10; 13; 18; 23; ak 24-25. Epi li foure dis parabòl ke nou pa jwenn nan okenn lòt levangil yo.

3. Levanjil selon Sen Mak

A. Otè li

Tradiksyon legliz ki pi ansyen yo deklare ansanm se Mak ki te ekri dezyèm levanjil la. Yon ekriven te di «Mak te entèprete Pyè, e li te ekri avèk presizyon tout sa li te sonje, men san l pa mete nan bon lòd sa Jezi te di ak sa li te fè». Yon lòt papa legliz la te di Pyè ak Pòl te nan Wòm, epi pita li di ankò, «apre yo te ale, Mak, disip ak entèprèt Pyè a kite pou nou nan fòm ekri tout sa Pyè te preche». Konsa, depi okòmansman, nou kapab di legliz te rekonèt Mak kòm moun ki ekri dezyèm levanjil la.

Jan Mak se te pitit yon fanm ki te rele Mari, ki te rete nan vwazinaj Jerizalèm. Kay li, se te yon kay kote kretyen yo konn fè reyinyon. Kèk moun kwè se nan yon chanm nan kay sa a Jezi te bay lasènn nan. Li posib se Mak jenn nonm ki te kouri toutouni nan jaden Jetsemani an (Mak 24:51-52), paske sèlman levanjil li a ki mansyone sa.

Alò, Mak se kouzen Banabas, e li te ale nan premye vwayaj misionè a avèk Pòl e Banabas. Sepandan, yo te kite li nan Panfili e li te tounen Jerizalèm. Banabas te vle ale avèk li nan dezyèm vwayaj misyonè a, men Pòl pa t vle sa. Pòl ak Banabas te divize, e Banabas te mennen Mak avè l. Yo te tounen Chip. Lè misyon Pòl yo prèske fini, yo te rekonsilye, antan Pòl t ap di sa, «Mwen santi li nesesè pou mwen nan misyon (2 Timote 4:11). Tradiksyon an di nou Mak se moun ki t ap ede Pyè a. Se pou sa tou, lè li pa t avèk Pòl, li te dwe rete avèk Pyè.

B. Okazyon ak rezon

Malgre «Bòn Nouvèl yo» te rive jwenn Jwif yo anvan, epi touswit yo te gaye nan mitan moun lòt nasyon yo. Liv travay yo rakonte jan levanjil la te gaye depi Palestin jouk rive nan Samari, Lasiri ak nan Lazi Minè, Masedwan ak Grès e pou fini nan Wòm, kapital monn lan. Daprè jan Lèvanjil la te fè pwogrè, te gen anpil women ki te konvèti. Kònèy, se te premye moun lòt peyi ki te konvèti, se te yon nonm ki te nan lame women. Moun ki te konvèti nan vwayaj misyonè Pòl la, e li mansyone non li, se Sèj Pòl, yon konsil women. Lèt Pòl te ekri legliz Wòm nan montre ke legliz sa a te egziste depi yon bon tan anvan sa. Se konsa gen yon levanjil ki te ekri espesyalman pou women yo. Kèk ansyen ekriven montre ke se Mak ki te ekri levanjil li a pou l te reponn yon demann kretyen yo te fè l nan Wòm pou li ekri ansèyman Pyè yo.

Women yo te yon pèp ki aktif anpil, levanjil selon Mak la montre aktivite Jezi yo. Pèp sa a te konnen gou viktwa, paske Wòm te fè konkèt nan monn nan. Mesaj sou yon moun ki te genyen pi gwo viktwa akòz imilyasyon li menm etan sèvitè, se yon bagay yo ta dwe gen enterè nan li, Mak prezante Jezi kòm sèvitè Bondye.

C. Plan An

Mak: Levanjil Sèvitè Letènèl la		Chapit
I	Sèvitè a prezante	1
II	Sèvitè a montre lèt Kreyansye Plas li a	2-5
III	Sèvitè a jwenn gen moun ki kont li	6-7
IV	Sèvitè a esplike travay li	8-9
V	Sèvitè a fè fas ak lenmi l yo	10-13
VI	Sèvitè a soumèt anba opresyon an	14-15
VII	Sèvitè a triyonfe sou lanmò	16

D. Karakteristik Yo

Levanjil selon Sen Mak la genyen yon seri karaktè yo dwe obsève:

a) Mak prezante travay Jezi yo plis pase pawòl li yo. Sa pa vle di ke ansèyman Jezi yo te fèt an silans. Sa ta enposib, deja ansèyman Jezi yo fè pati travay li. Men Mak te jwenn li plis nan travay yo ki demontre Jezi se te Sèvitè Letènèl la. Mak anrejistre diznèf mirak e sèlman senk parabòl nan liv li a.

b) Mak sèvi ak pawòl ki tradwi «answit» «pita» ou «imedyatman» karanteyen fwa konsa. Ki diferan ak Matye ki sèvi ak li sèt fwa sèlman, e Lik yon sèl fwa. Nan sans sa a Mak mete aksan sou aktivite Jezi yo.

c) Mak pa mete okenn istwa sou nesans Jezi, okenn zansèt, okenn dat anfans li ou jenès li. Li pa t anrejistre dat sa yo poutèt l ap pale sou yon sèvitè.

d) Dènye chapit liv la prezante yon pwoblèm. Tout ansyen kopi yo mete vèsè 1-8 tankou pati chapit la. Men kèk ansyen kopi fini nan vèsè 8 la, pandan tan sa a lòt yo prezante vèsè 9-20. Anpil espè yo kwè ke Mak pa t ekri sèksyon Mak 16:9-20, men pasaj sa a te ajoute yon dat byen bonè pou remete yon konklizyon ki te pèdi pou kèk motif.

4. Levanjil Selon Sen Lik

A. Otè li

Legliz primitiv la te konsidere twazyèm levanjil la kòm travay Lik, disip Pòl la. Yo te rele l «doktè renmen» yo te rele l tou nan Kolosyen 4:14. Menm jan Mak te gen relasyon avèk Pyè a, se konsa Lik te gen relasyon avèk Pòl tou. Youn nan papa legliz yo di «Lik te kanmarad Pòl tou, li te ekri nan yon liv levanjil li te preche a».

Konfimasyon biblik la se Lik ki ekri twazyèm levanjil la, se pa nan liv sa a sèlman yo jwenn ni. Gen anpil evidans ki fè nou wè liv Lik ak liv Travay apòt yo se menm moun ki ekri yo. Yon konparezon vèsè ki kòmanse liv yo montre sa e yo kapab ede nou dekouvri moun ki ekri liv Travay Yo.

Gen twa pati nan liv Travay yo kote moun ki ekri a anplwaye premyè pèsonn nan opliryèl «nou». Nan seksyon sa a moun ki ekri a pale sou gwoup Pòl la ki di «nou». Sa montre moun ki ekri a te akonpaye Pòl nan sètèn okazyon. N'ap elimine sa ki pa t avèk Pòl nan moman sa yo, e nou di se Lik ki te ekri l. Epi n'ap wè moun ki ekri a montre anpil enterè sou moun ki malad yo epi sou maladi li tou. Poutèt tèm lamedsin li itilize yo, li klè se Lik ki dòktè, etan medsen, se li ki ekri liv Travay Yo.

Sa nou konnen sou Lik la, se sa yo tire nan liv Travay yo ak nan lèt Pòl yo. Se te yon moun lòt peyi, epi se li menm sèl tou, ki te ekri yon liv nan Nouvo Testaman. Tradiksyon an di se moun natif natal Antyòch Lasiri. Liposib se te yon medsen ki te konn rann Pòl sèvis kòm konseye sante. Li te fè youn ak gwoup Pòl la pou premyè fwa nan Twoas, pandan dezyèm vwayaj misyonè li. Li te la avè yo jouk nan Filip kote li te rete lè Pòl te kontinye vwayaj la. Li te tounen reyini avèk Pòl nan twazyèm vwayaj misyonè a, e apre sanble l te kontinye avè l. Li te avèk Pòl lè l te nan prizon nan Cezare a e pandan yo te mete l nan prizon de fwa ankò nanWòm.

B. Okazyon ak Entansyon

Levanjil Jezikri a te etann li byen vit pi lwen pase nan mitan jwif yo. Nan yon ti tan trè kout legliz la te gen anpil moun ki te pale lang natif grèg yo. Lik te gen sa nan tèt li lè l te ekri liv la.

Levanjil Lik la, li ekri l voye bay «yon gwo fonksyonè ki te rele Teofil» (Lik 1:3), li te yon grèk ki te nan gwo pozisyon; men se pamwayen Teofil li te ekri pou tout moun lòt peyi yo nan lang grèk la. Entwodiksyon an (Lik 1:1-4) esplike levanjil sa a te ekri premyèman pou enstwi moun ki te kretyen yo. Pou kretyen grèk yo ki kapab konnen Jezi pi byen. Li te mete anpil aksan sou travay Kris la, sa l te di ak sa li te fè. Nan liv la li prezante Kris Kris kòm «Sovè lemond, espesyalman pou sa yo ki kwè nan li» (I Timote 4:10).

C. Plan An

Lik : Levanjil Redanmtè a   **Chapit**

I	Nesans Redanmtè a	1-2
II	Prezantasyon Redanmtè a	3-4

43

III Otorite Redanmtè a   5-6
IV Konpasyon Redanmtè a   7-8
V Entansyon Redanmtè a   9-10
VI Ansèyman Redanmtè a   11-13
VII Konfli Redanmtè a   14-16
VIII Enstriksyon Redanmtè a1   7-18
IX Pasyon Redanmtè a   19-23
X Rezirèksyon Redanmtè a   24

D. Karakteristik Yo

Lik gen yon seri karakteristik ki distinge l ak lòt levanjil yo, se sa yo:

a) Lik te mete anpil aksan sou imanitc Kris la. Li bay yon deskripsyon pi konplè sou nesans Jezi ak lavi Jezi. Li mansyone lapriye Jezi yo plis pase Matye ak Mak. Li te fè anpil detay sou Jezi etan moun.

b) Lik te mete plis aksan sou louanj pou Bondye plis pase lòt evangelis yo. Li itilize plizyè fraz tankou «yo te glorifye Bondye», «louwe Bondye» e «beni non Bondye» plis pase lòt evangelis yo. Nou dwe di Lik anpil mèsi pou bèl chan sa yo li rapòte pou nou chan : Elizabèt, Mari, Zakari, Simeyon ak zanj yo. Paske l te mete chan sa yo, sa vle di li pou Lik bay Bondye louanj gen anpil enpòtans.

c) Lik mete plis enterè sou konpasyon Senyè nou an te genyen pou moun ki inosan yo, fanm yo ak timoun yo. Li pale sou enterè Jezi te genyen pou moun ki fèb yo, pòv yo, moun yo refize nan sosyete a. Se li sèl ki prezante istwa Mari ak Elizabèt la. Li mansyone pou pi piti sis fanm, okenn lòt evanjelis yo pa t mansyone. Anpil fwa li fè deskripsyon timoun yo avèk anpil konpasyon.

d) Lik sèvi avèk plizyè tèm medsin, e li montre yon enterè pèsonèl sou moun malad yo ak kalite maladi yo genyen. Sa manifeste preparasyon li te resevwa nan etid medsin.

e) Lik se sèl evanjelis ki ankadre istwa levanjil la nan relasyon avèk istwa lemonn. Li bay referans sou wa yo, anperè yo, ak chèf prèt ki te nan pouvwa diran lavi Kris la.

5. Levanjil selon Sen Jan

A. Otè

Malgre katriyèm levanjil la te ekri anpil tan apre lòt twa premye yo, yo te asepte l byen vit kòm pati pawòl Bondye a. Premye papa legliz yo deklare l kòm moun ki te ekri liv Jan. Gen kèk ki te vle montre se pa t apòt Jan ki te ekri l, men se yon lòt Jan ki t ap viv nan Efèz. Sepandan, evidans nan liv la montre apòt Jan kòm moun ki te ekri li. Premyèman moun ki ekri a te yon jwif. Li konnen lang ebre, paske kèk fwa Ansyen Testaman an di nan lang ebre septan (swasanndis). Sa klè li te familiarize l avèk pwofesi nan Ansyen Testaman yo, ak fèt jwif yo e lòt koutim jwif yo. Epi, se te yon jwif ki te viv nan Palestin, paske detay li bay nan deskripsyon lan montre konesans li te genyen sou teren an. Pa ekzanp, li te konnen pi Jakòb la te fon anpil (Jan 4:11) li kapab mansyone detay jewografi Jerizalèm la tou. Nan twazyèm pati a li te temwen li te wè tout bagay ak je l. Li di, li te fè esperyans pèsonèl avèk Kris (Jan 1:145 ak 21:24). Li bay tout detay, sèlman yon temwen ki te wè e konnen nki kapab fè sa. Nan nòs Kana li te konnen dimansyon ja yo ak kantite yo te kapab pran (Jan 2:6), lè Nikodèm te vini wè Jezi (Jan 3:2), lè Jezi te chita bò pi Jakòb la (Jan 4:6). Nan Jan 20, 21, e 24, moun ki ekri a idantifye l kòm yon moun ki «renmen Jezi anpil». Tout bagay sa yo siyale Jan kòm moun ki ekri liv la.

B. Okazyon ak Entansyon

Pita nan ministè li, li te dirijan nan legliz Efèz. La kretyen yo te vle pou l ekri yon lòt «levanjil espirityèl». Nan levanjil li a, Jan rakonte istwa sou Jezi, epi apre sa li entèprete yo. Levanjil Jan an sèvi anplis tou pou konplete lòt levanjil yo. Li gen sèlman kèk istwa ki ekri ladan l lòt moun mete. Li pa t ekri pou yon gwoup an patikilyè, sinon pou tout kretyen yo.

Entansyon liv Jan an li byen esprime nan Jan 20:31, «Tout sa ki ekri nan liv sa a, mwen ekri yo pou nou ka kwè Jezi se Kris la, Pitit Bondye a, pou lè nou kwè nou kapab gen lavi nan li pou toutan. Jan ekri levanjil li a nan entansyon pou lemond kapab kapab sove, epi li prezante yo Jezi kòm Pitit Bondye a.

C. Plan An

Jan: **Levanjil Pitit Bondye a**   **Chapit**
I   Pitit Bondye a viv Pami Lèzòm 1
II   Pitit Bondye a Prezante bay Lèzòm   2-5
III   Pitit Bondye a Montre li se yon sèl   6-8
IV   Pitit Bondye a Revele Kè Lèzòm   9-12
V   Pitit Bondye a Enstwi Disip li yo   13-16
VI   Pitit Bondye a Genyen Kominyon avèk Papa   17
VII   Pitit Bondye a Soufri e Mouri   18-19
VIII Pitit Bondye a Gen Batay Nèt ale sou lanmò   20-21

D. Karakteristik yo

Levanjil Sen Jan an gen kèk karakteristik yo dwe obsève:
a) Jan ensiste «sou siy» misyon Jezi yo. Li di mirak Jezi yo, gen pou bi : Fè moun yo konnen Jezi se Pitit Bondye.
b) Jan ensiste sou divinite Jezi e li pèmèt limanite li rète nan dezyèm plan.
c) Jan prezante tit Jezi te itilize pou l prezante li menm. Kèk nan tit sa yo se Mouton Bondye a, Pen tout bon an, Bon Gadò a, Pye Rezen tout bon an, etc.
d) Kèk pawòl ki repete anpil fwa nan levanjil Jan an, tankou sa yo: «kwè», «Papa» (kòm Bondye), «laglwa», «lanmou».
e) Menm jan tankou nan levanjil Mak la, levanjil Jan gen yon seksyon ki pa t konresponn ak istwa fanm yo te pran nan adiltè a (Jan 7:53-8:11). Nou jwenn li sèlman nan kopi ansyen yo ki gen dout nan yo. Li posib se yon istwa ki te pase tout bon vre, men yo pa t rakonte l nan levanjil Jan an. Poutèt sa tou, kèk vèsyon nan Bib la mete sa nan parantèz.

Kesyon Sou Etid La

1. Kisa ekriven levanjil yo vle moun konnen?
2. Kisa non «levanjil sinoptik la» vle di?
3. Esplike ki jan nou fè konnen kilès ki ekri chak nan levanjil yo.
4. Ekri yon deskripsyon anbrèf sou chak moun ki ekri levanjil yo.
5. Di ki motif ki fè konpozisyon chak levanjil rive vin yon reyalite.
6. Ki karakteristik yo jwenn nan levanjil Matye a nan pasaj sa yo: 4:12-17; 12:31-33; 21:4-9?
7. Ki karakteristik yo jwenn nan levanjil Mak la nan pasaj sa yo: Mak 1:21-31; 4:35-41; 10:42-45?
8. Ki karaktteristik levanjil Lik la: Lik 1:26-38; 2:8-14, 3:1-2; 9:37-43?
9. Ki Karakteristik yo jwenn nan levanjil Jan an nan pasaj sa yo: Jan 1:14-18; 2:6-11; 3:16-18; 10:11-15?

Pou Etid Siplemante

1. Kòman developman legliz la kontribye pou yo ka ekri levanjil yo?
2. Bay kèk rezon ki jistifye pouki li pi bon pou gen kat levanjil yo olye yon sèl.

PATI 2

PREPARASYON MISYON KRIS LA

CHAPIT 6

PAWOL LA TOUNEN MOUN

Li Jan 1:1-18

Kesyon Pou Preparasyon

1. Poukisa Jan rele Jezi «Pawòl la»?
2. Ki ansèyman Jan ki pi enpòtan nan Jan 1:1-18?
3. Ki jan lemond te òganize pou lè Kris la te gen pou vini an?

Entwodiksyon

Levanjil Jan an prezante nou Jezi Pitit Bondye. Liv Jan fè nou tounen nan tan pase yo, pi lwen pase tan anvan istwa yo. Nou wè laglwa Kris la manifeste e li montre nou kòman Bondye vin viv avèk lèzòm nan fòm yon nonm.

1. Kris Divin an

Jan prezante Kris kòm «Pawòl la». Tit sa a sijere nou yon mwayen pou kominike. Nou itilize pawòl lè nou vle fè yon moun konprann yon lide. Pwobableman se nan sans sa a, J. B. Philips te tradwi mo «Pawòl la» kòm yon espresyon pèsonèl. Pawòl la se Bondye menm kap pale ak nou personelman. Jan ban nou kèk detay sou pawòl la. Nou li sa li pa t kòmanse viv tankou moun depi nan kòmansman lè Bondye te kreye lemonn. Men li te deja egziste. Nan yon lòt mo: Li la pou tout tan. Li te la avèk Bondye depi nan kòmansman: sa vle di li t ap viv nan kòminyon avek Bondye. Non sèlman li te avèk Bondye men se Bondye li ye. Pawòl la vin tounen Jezikri, Bondye ki la pou tout tan an.

Epitou, pou idantifye Pawòl la menm jan ak Bondye, Jan rakonte nou, se atravè Pawòl sa a tout bagay te kreye. Lè Bondye te kreye moun li te resevwa limyè entèlektyèl e espirityèl ki ba l kapasite pou sèvi e adore Bondye. Limyè sa a se nan Pawòl la li soti, Kreyatè divin an. Epi depi tenèb peche a te eseye etèn limyè sa a, Pawòl la te vin nan monn lan kòm limyè monn lan. Jezikris yon Èt divinn e Sovè nou an menm tan.

2. Jezikris tounen moun.

Pwen ki pi enpòtan nan entwodiksyon levanjil Sen Jan an nou kapab jwenn li nan Jan 1:14, «Pawòl la tounen moun». Sa vle di Bondye tounen moun, menm jan tankou nou, men san tach peche.

Sak enpòtan nan pati sa a, nati imèn li te pran an pa t janm kache divinite l. Jan, ki te wè Pawòl la, etan li te vivan toujou, li di «nan li nou wè pouvwa li, pouvwa yon sèl Pitit Papa a» (Jan 1:14) e bonte li ak pouvwa Bondye te nan li.

3. Preparasyon pou Enkanasyon an

Sa pa t pase tankou yon bagay san yon preparasyon, lè Pitit Bondye a te vini nan lachè. Bondye te voye Jan Batis pou anonse lemonn Pawòl la ap vini. Jan te pwoklame se Jezi ki sèl limyè lemonn.

Men, se pa sèlman preparasyon sa a Bondye te fè pou enkanasyon Pitit li a. Pandan plizyè syèk Bondye te fè nou pwomès Kris ki gen pou vini. Pwofèt Ansyen Testaman yo te pale sou li. E pwomès sa yo ak pwofesi yo te vini nan mitan yon pèp Bondye chwazi e prepare. Konsa, ya kapab resevwa Kris la lè li vini. Li te rive nan yon nasyon Bondye te deja fè konnen ke lap vini.

4. Resepsyon enkanasyon Kris la

Kwak Izrayèl te prepare pou rive Kris la, lè li te vini lemond pa t asepte li. Li vini nan lemond li te kreye a, men lemond lan pa t rekonèt li. Li te vini nan yon pèp ki te prepare ap tann li, men pèp la pa t resevwa l. «Tout te vire tèt yo pou yo pa t wè l» (Ezayi 53:3).

Yo te meprize l, men se pa tout. Te gen kèk moun ki te rekonèt li epi yo te resevwa l. Yo te konnen Kris la e yo te kwè nan li. Kris te ba yo dwa pou yo vin Pitit Bondye.

Keksyon Sou Etid La

1. Ki lide moun vin genyen lè nou itilize mo «Pawòl la»?
2. Bay detay sou sa Pawòl la ye daprè sa nou jwenn nan Jan 1:1-5.
3. Itilize Jan 1:6-15 pou ede ou fè yon deskripsyon de travay Jan Batis.
4. Sa sa vle di «Pawòl la tounen moun nan»
5. Aprè ou fin konprann siyifikasyon mo «enkanasyon» an. Kounye a, chache yon vèsè nan Jan 1:1-18 pou ekri, ki montre lide sa a.

Pou Etid Siplemante

1. Ki diferans ki gen ant kòmansman levanjil Jan an ak lòt levangil yo?
2. Nan ki fason entwodiksyon levanjil Jan an montre bi levanjil la?

Bay twa pwofesi nan Ansyen Testaman ki pale sou kòman Kris la te gen pou vini.

CHAPIT 7

MAP VOYE OU KOT ELI

Li Lik 1:5-25 ak 57-80

Keksyon Pou Preparasyon

1. Ki kalite paran Jan Batis te genyen?
2. Pou ki bi Bondye te voye Jan nan lemonn?
3. Kòman yo te anonse nesans Jan e ki evennman ra ki te vini ansanm ak sikonsizyon li?

Entwodiksyon

Kòmansman levanjil Lik la fikse atansyon nou sou evennman yo ki akonpaye nesans Kris la. Lik li menm kòm medsen, atis e istoryen li te jwenn anpil bagay enteresan nan istwa nesans Jezi a. Men kòm ekriven evanjelik ki prezante Jezi kòm Redanmtè lèzòm, Lik konsidere li nesesè pou l' esplike kòman Redanmtè a fè tounen yon nonm. Se poutèt sa, se Lik Sentespri a te chwazi pou anrejistre sak pase sou nesans Kris la.

1. Zakari ak Elizabèt

Lik prezante nou yon koup ki gen bon kè, Zakari ak Elizabèt. Yo toulede se te manm tribi Levi yo ye, epi Elizabèt li menm te sòti nan fanmi Arawon. Zakari te yon prèt epi Elizabèt te pitit yon prèt. Lè yon prèt te marye avèk yon pitit fi nan fanmi yon lòt prèt, pèp Izrayèl te konsidere maryaj la tankou yon linyon espesyal Bondye beni. Zakari ak Elizabèt «yo tou de te mache dwat devan Bondye, yo t'ap swiv kòmandman Mèt la ansanm ak tout lalwa a san okenn repwòch» (Lik 1:6). Yo te Izrayelit tout bon vwe ki te renmen Bondye e ki te sèvi li avè kè kontan.

Men nou ka di, kè kontan de moun sa yo pat konplèt. Paske yo pat genyen pitit. Etan Izrayelit yo te konsidere sa kòm yon movè chans ki grav. Yo te konsidere sa tankou yon bagay ki ka elimine non fanmi an. Alò, yo te panse pitit yo se yon benediksyon Senyè a e sa sèvi yon siy favè li fè yo, men lè yo pa gen pitit, sa montre mekontantman Bondye. Zakari ak Elizabèt te lapriyè anpil fwa pou mande Bondye yon pitit; men nan epòk sa a yo te deja fin granmoun e yo te pèdi tout espwa.

2. Mesaj Zanj Gabriyèl la

Prèt Izrayèl yo te divize nan vennkat klas o gwoup, e Zakari li menm te fè pati gwoup Abija a. Paske nan epòk sa a te gen anpil prèt, chak klas te gen opòtinite pa l' pou voye yon kantite prèt Jerizalèm, pandan yon senmenn, pou yo konpli devwa prèt yo nan tanp la. Se te avèk yon tiraj osò yo te di ki kalite devwa chak prèt te dwe konpli. Lè li te rive moman pou Zakari t'ale Jerizalèm nan epi pandan li te la, li te jwenn yon gran privilèj pou ofri lansan sou lotèl kote ki te apa a. Se te yon ofis ki tèlman enpòtan pat gen okenn prèt ki te gen pèmi pou fè l' plis pase yon fwa pandan tout lavi l'.

Lè yo ofri lansan devan Bondye sa senbolize o gen resanblans ak lapriyè pèp Bondye a, epi antan y'ap ofri lansan an foul moun yo te reyni deyò tanp la pou yo lapriyè. Pandan Zakari t'ap fè sèvis sakre l' la, li te gade e li te wè yon lòt moun tou kote ki apa a. Se te Zanj Gabriyèl ki te kanpe bò lotèl la. Li te vin anonse prèt ki tou sezi a, ke Bondye te tande lapriyè li depi lè l' te mande l' yon pitit la, e anfen lè a rive, li pral reponn ni, Zakari ak Elizabèt pral genyen yon pitit gason.

Zanj la fè Zakari konnen ke pitit li a pral yon nonm save. Li va yon dezyèm Eli, la prezante devan Izrayèl pou l' deklare jijman san repwòch Bondye a, l'ap fè nasyon ki pou Bondye a tounen vin jwenn li epi la prepare pèp la pou Senyè k'ap vini an. Pitit la pral «vwa yon moun k'ap rele: Pare chemen an nan dezè a. Louvri yon wout nan savann nan pou Bondye nou an» (Ezayi 40:3).

Pitit la te gen yon travay espesyal pou l' fè, epi non li dwe sanble avèk ofis li. Gabriyèl di: «Wa rele l' Jan» paske «Jan» vle di «Seyè a gen mizerikòd.» Se nan non Senyè a, Jan va deklare kado gras Bondye a, pou moun li pral prepare chemen. Konsa, lavi Jan dwe sanble avèk travay li tou. Zanj la te di ansyen prèt la ke pitit li a pap bwè diven ni bwason ki gen anpil alkòl. Menm jan tankou Nazareyen Ansyen Testaman yo, Jan te dwe rete apa pou sèvis Bondye.

Zakari te kwè nan Pawòl zanj la yon tikras. Li mande l'. «Ki jan ma konnen sa?» Zanj la te reponn li, li se Gabriyèl e se kote Bondye li te soti toudwat. Poutèt Zakari pat kwè nan mesaj Bondye te voye ba li a, Zanj la di li l'ap ret bèbè jiskaske pitit Bondye pwomèt la va fèt. Nan menm tan sa a tou zanj la te disparèt, li kite Zakari sonm ap kalkile evennman ki pral rive yo. Li te rete yon tan si tèlman long kote ki apa a, jouk tan foul moun ki t'ap tann ni an te kòmanse ap mande poukisa li dire tout tan sa a. Lè li vin resi parèt la epi li te eseye louvri bouch li pou esplike sak te pase l', li rann kont li pat kapab pale. Rete bèbè Zakari a te sètifye verite pawòl zanj la di l' yo.

3. Nesans Jan

Nan pwovidans gratis Bondye a, Zakari ak Elizabèt te resevwa benediksyon yo te gen dezi depi lontan an. Tout vwazen yo te kontan avèk yo lè timoun nan te fèt. Jou pitit la te dwe sikonsi a, fanmi an ak zanmi yo te reyni pou selebre okazyon sa e pou bay timoun nan yon non. Tout moun te kwè ke pitit la ta pral pote non papa l'; men pi gran sipriz yo te jwenn nan, Elizabèt te ensiste pou rele l' Jan. Zakari te pale l' sou mesaj zang la epi Elizabèt te obeysant ak lòd selès la.

Sa te fè tout moun sezi paske Jan se pat non fanmi an, epitou se te yon koutim tout moun te genyen pou bay timoun yo yon non selon yon manm nan fanmi an. Donk, yo t'ale kote Zakari te ye a pou fè l' siyen ki non pitit la dwe pote. Zakari te ekri: «se Jan ki non li».

4. Kantik Zakari a (El Benediktis)

Ak obeysans pou kòmandman Bondye sa a fini ak pwoblèm ki te fè Zakari bèbè a. Lang li vin lib e li itilize l' ak fasilite pou pale a e li te chante yon kantik pou fè lwanj pou Bondye.

Chan an te gen anpil referans sou Ansyen Testaman an e sa te moutre langaj ak estil li. Men tèm li pou se Nouvo Testaman. Sentespri ki te enspire Zakari a, li te gade wè jan pwomès Ansyen Testaman yo ap konpli, sa fè li te chante pou Redanmtè ki gen pou vini an.

Nan chan (Lik 1:68-79) Zakari prezante nou twa lide:
1. Bondye te konpli pwomès li te fè yo sou yon Sovè e l' pote delivrans pou pèp li.
2. Jan vini pou anonse Mesi a ki gen pou vinn pote delivrans pou pèp la.
3. Mizèrikòd Bondye ki fè Mesi a vini pou klere moun yo ki nan tènèb peche.

Nan sans sa a chan ansyen prèt la ini Ansyen an avèk Nouvo Testaman. Chan an konsève devan nou pwomès yo Bondye te fè pèp li a nan Ansyen Testaman an ak reyalizasyon yo nan Jezikri. Zakari te panse akonplisman an toupre; men jiska prezan nan fiti toujou. Moman benediksyon pwofèt yo te pale a ap rive vit. Nesans Jan an, moun k'ap vini pou prepare chemen Mesi a, li sanble ak yon ti reyon limyè syèl la bò kote solèy leve a ki manifeste lòb yon lòt jou nouvèl.

5. Preparasyon Jan

Lik anrejistre preparasyon Jan an nan yon tan ki kout anpil. Li pat di anyen sou devlòpman fisik li; men li bay devlòpman espirityèl li anpil enpòtans. Lik di nou se Sentespri ki te «fòtifye» Jan. Malgre li te trè jenn, Jan kite pèp kote li te fèt la, pou l'al rete nan dèzè a. Li te rete la li menm sèl nan kominikasyon avèk Bondye jouk lè tan an te rive pou l' kòmanse travay li.

Keksyon Sou Etid La

1. Ki lè e ki kote Gabryèl te parèt sou Zakari?
2. Kisa Gabriyèl te di Zakari sou travay Jan?
3. Kòman Jan te dwe mete l' apa pou sèvis Bondye?
4. Sak te rive avèk Zakari poutèt enkredil li?
5. Poukisa Zakari te ka pale lè pitit li a te resevwa non Jan?
6. Kòman chan Zakari a te ini Ansyen avèk Nouvo Testaman?
7. Divize kantik Zakari a pa vèsè yo sèlon twa lide yo nan paj 60.
8. Fè yon rezime sou chak pati nan chan Zakari a, nan pwòp pawòl ou.
9. Kòman Jan te prepare l' pou travay la?

Pou Etid Siplemante

1. Jis yo devan Bondye, se moun ki mache san repwòch nan tout kòmandman ak òdonans Senyè a, èske sa vle di ke yo pa kab fè peche pou sa?

2. Kòman Jan te konpli pwofesi Malachi 4:4-6 la? Gade Lik 1:13:17 ak Matye 17:9-13.

3. Di ki resanblans ak diferans ki genyen ant nesans Jan ak nesans Izarak. Gade Jenèz 17:21.

CHAPIT 8

BONDYE VOYE PITIT LI A VIN FET NAN YON FANM

Li Lik 1:26-56, 2:1-39

Keksyon Pou Preparasyon

1. Pouki sa yo te voye Gabriyèl kote Mari?
2. Kijan Mari te reyaksyone annegad tout bèl bagay mèveyez yo Bondye fè an favè l'?
3. Ki kalite preparasyon Bondye te fè pou nesans Jezi?
4. Poukisa yo te mennen Jezi nan tanp la, e kisa ki te pase la?

Entwodiksyon

Nesans Jezikri a se yonn nan pi gran mistè nou enrejistre nan istwa imèn nan. Pou Bondye ta fèt tankou yon lòm, sa se yon bagay ekstrawodinè. Pou Bondye li menm vin fèt tankou yon bebe, nan yon mamnam imèn, se yon bagay ki etonan ankò. Lik te anrejistre nesans eksatrawodinè sa a.

1. Visit Gabriyèl la

Sis mwa apwè Gabriyèl te parèt sou Zakari, yo te voye l' kote yon vyèj fi ki te rele Mari, ki t'ap viv nan yon ti bouk pòv, Nazarèt, an Galile. Mari te fiyanse pou l' al marye avèk yon nonm yo rele Jozèf. Ki te yonn nan desandans fanmi gwo wa David.

Gabriyèl te parèt sou Mari, li di l': «Bonjou Mari ou menm Bondye fè´l gras. Bondye avèk ou» (Lik 1:28). Li anonse l' ke li pral ansent yon pitit gason la rele l' Jezi, ki vle di, «Se li ki pra´l delivre pèp la.» Li di, ya rele pitit li a tou: «Pitit Moun ki Anwo a», sa vle di, «Pitit Bondye.»

Se li menm ki moun Bondye te pwomèt nan Ansyen Testaman an, wa ki va gouvènen pou tout tan sou pèp Izrayèl la. Sentespri a ta vin sou Mari nan yon fason mèveyez se li k'ap Papa pitit la. Kwak Mari pat mande okenn siy, tankou Zakari, sepandan, li te resevwa yonn. Gabriyèl te enfòme l' sou mirak ki t'ap fèt nan lavi kouzin li Elizabèt.

Repons Mari a te moutre li te mete konfyans li konplètman nan Senyè a. Li te byen dispoze pou fè tou sa Senyè a te vle li fè. «Men mwen, mwen se sèvant Senyè a mwen ye. Mwen swete pou sa rive m' jan ou di a» (Lik 1:38).

2. Mari Vizite Elizabèt

Mari te konprann nouvèl Gabriyèl te ba li sou Elizabèt la se te yon avi pou l' ka al vizite l', konsa nou wè jenn fi sa a te vwayaje soti lakay li Galile pou l'al jouk nan tèt mòn Jida yo. Se te yon vwayaj apeprè san karant kilomèt konsa. Li pat anonse vizit li a, Elizabèt te sezi lè l' te wè l'. Lè Mari te antre nan kay la, la menm Elizabèt vin anba pouvwa Sentespri a. Li pran pale byen fò, li di konsa: «Ou menm ou se yon fanm Bondye beni anpil pase tout fanm. Pitit ki nan vant ou a Bondye beni li tou (Lik 1:42). Elizabèt te resevwa l' avèk anpil respè, e li te kontinye di: Kisa m' ye menm, pou Senyè mwen an vin rann mwen vizit?» (Lik 1:43). Menm pitit la, kwak li nan vant Elizabèt li pran sote, tèlman l' kontan vizit Mari a. Elizabèt di anko: «Ou se yon fanm beni! Paske, tout pawòl Mèt la voye di ou yo gen pou rive vre» (Lik 1:45).

Pawòl Elizabèt yo te tonbe nan kè Mari tankou gout lapli ki tombe nan tè sèch. Mari te kwè, men kounye a, li vin jwenn plis enfòmasyon ke vizit zanj la se pat yon rèv li te ye. Sa sètifye ke Bondye ap travay nan lavi li vrèman. Sa vle di, benediksyon li te resevwa a pat gen okenn lòt fanm ki te janm resevwa li. Mari te chante yon kantik lwanj pou Bondye, avèk kè kontan.

3. Mari fè lwanj pou Bondye (Manyificat)

Jeneralman yo toujou rele Kantik Mari a manyificat, paske li gen relasyon avèk zèv mèveyèz Bondye. Mari prèske pa di anyen sou li menm, e sou pitit la li pral genyen an. Olye sa, li fikse atansyon l' sou Bondye pou tout zèv mèveyèz li te fè yo.

Si nou fè yon etid pi pwofon sou kantik sa a, la ede nou evite de faz estrèm atitid nou genyen anvè Mari. Legliz katolik-womèn nan leve Mari mete nan yon pozisyon pi siperyè ankò pase Pitit li a. Yo konsidere li pa gen peche,li se Rèn nan syèl la, se li menm sèl ki ka sèvi kòm medyatè lèzòm lè yo lapriyè pou Kris ka tande yo. Kèk katolik women menm panse ke Mari patisipe nan zèv redanmtè Kris la. Pwotestan yo tonbe yo menm kèk fwa nan yon lòt pozisyon ekstrèm. Yo inyore bonn dispozisyon Mari te gen pou resevwa pwomes Bondye te fè l , yo inyore konfyans Mari te gen nan Seyè a.

Mari di nan chan l' la, «Nanm mwen ap chante pou Mèt la ki gen pouvwa. Lespri m' pran plezi nan Bondye ki delivre mwen (Lik 1:46-47). Li deklare ke Bondye se Sovè li. Mari konfese pwòp eta pechrès li. Se pa li ki redanmtè lòt moun yo, tankou legliz katolik womèn nan konfime a; sinon, li menm tou li bezwen redanmsyon an. Sepandan, Mari di tou ke tout jenerasyon yo va rele li byenerèz poutèt zèv Bondye ap reyalize nan li a. Pwotestan yo vle bliye sa.

Tèm prensipal chan Mari a se pou fè lwanj pou Bondye. Li fè lwanj pou sa l'ap fè e pou sa la pral fè. Nan premye pa a, li fè lwanj l' poutèt li revele li kòm Sovè a. Nan dezyèm pati pou mizèrikòd ak sentete li, epi pou pisans li genyen pou l' fè gwo mèvèy yo. Nan twazyèm pati a, Mari te louwe gras Bondye a paske li te konpli pwomès delivrans la.

4. Nesans Jezi a

Nesans Jezi nan peyi Betleyèm nan montre nou kòman Bondye li menm, nan bonte l', li aji pou konpli pawòl li (Mi. 5:2). Pwofèt la li menm te deja deklare ke Mesi a pral fèt nan peyi Betleyèm (Mi. 5:2). Mari te viv Nazarèt e li te marye avèk Jozèf moun Nazarèt. Pou fè koup la soti depi Nazarèt pou rive Betleyèm, Bondye te itilize anperè women an, Ogis Seza. Seza te pase yon dekrè l'ap fè yon enskripsyon o resansman nan tout lanpi, posibleman pou touche enpo yo pi byen o ak plis efikasite. Resansman sa a te dwe reyalize selon koutim divès pèp ki nan lanpi a. Sak pase, se te koutim jwif yo ant yo menm, ke resansman an dwe fèt nan konsiderasyon tribi yo ak fanmi an. Sa vle di tout jwif yo te dwe retounen nan vil zansèt yo pou yo te ka konte yo. Akòz Jozèf se moun la fanmi David li ye, li te dwe ale Betleyèm, lavil David la. Men Mari madanm li, t'ale avè l' tou.

Li te difisil pou yon moun te jwenn lojman nan lavil Betleyèm, sa pa bay traka pou esplike ou li. Te gen anpil moun nan lavil Betleyèm, yo te vini menm jan tankou Jozèf ak Mari te vini pou resansman an. Otèl yo pat gen plas e petèt kay kote yo te kapab resevwa moun envite yo te deja ranpli. Yo pat jwenn okenn plas pou yo te repoze yo, epi dat pou Jezi te fèt la t'ap pwoche. Nan sikonstans sa a, menm kote yo gade bèf ak mouton yo te miyò pase anyen ditou, lè sa a. Asireman li te fè nwa, kwak salte, ak movèz odè bèt yo te anpil. Men tout menm, se te yon abrejman. Alò, se kote sa a Jezi te fèt. Manman l' te kouche l' nan yon krèch ki fèt avèk rès zèb bèt yo te manje.

5. Yo te Anonse Gadò Mouton Yo

Malgre Jezi te pran nesans li nan yon anbyans ki pi imilye, zanj yo te anonse li. Mesaj zanj yo te bay gadò mouton yo te klè; men chan zanj yo, lèzòm entèprete l' pafwa. Premye pati a: «Glwa pou Bondye ki anwo nan syel la», li pa gen difikilte nan li. Men deklarasyon lapè sou latè a, yo te toujou mal entèprete l'. Lide tout moun pi konnen an «Lapè sou latè, bòn volonte avè tou lèzòm», li bèl e li poetik; men sak pase, lide lapè sa a e bònn volonte a yo konprann ni pou tou lèzòm, san yo pa konsidere atitid li anvè Jezi. Sepandan, Nouvo Testaman an anseye nou byen klè lapè Jezi pote a se pou moun ki renmen l' sèlman. Sa zanj yo di a reyèlman lapè a se «pou lèzòm ki fè Bondye plezi.» Yon tradiksyon egzat se ta: «lapè sou latè pou lèzòm, sila yo bòn volonte Bondye desann sou yo.» [1] Sa a va nwi kèk moun; men sa pale laverite ke lapè Bondye se yon kado ki soti nan gras li. Bondye te voye lapè li sou sila yo li te renmen depi tout tan, e sila yo, an menm tan ki renmen li tou.

---

[1] Nòt Tradiktè: Lide a, ki esplike nan fòm aparans radikal la, se pa pou òtè a li ye. Kwak nou pa jwenn li nan Reina-Valera ni nan okenn revizyon li yo, nou jwenn li odinèman nan Bib de Moffatt, nan The New English Bible, nan The Holy Bible, R.S.V., ak nan vèsyon popilè an panyòl, nan Mezon Labib, Madrid, Bib Jerizalèm, ak Bib Sakre Bover-Cantera.

6. Vizit tanp la

Jezi fèt jwif, sa vle di, se tankou Pòl di a, Jezi fèt anba lalwa (Gal. 4:4). Lalwa Bondye te gouvènen lavi Jezi, tankou li te gouvènen lavi tout Izrayelit yo. Sikonsizyon Kris la, fè nou dekouvri ke li te soumèt anba egzijans lalwa volontèman. Lè l' fè sa li idantifye l' tankou yonn nan pèp la. Men pèp li a pat gen kapasite pou konpli avèk tout sa lalwa te mande a. Malgre li te fèt tankou pèp li a, li te konpli lalwa nan tout pwen pou l' ka rive rachte l'.

Kèk jou apre sikonsizyon Jezi a, Jozèf ak Mari mennen l' nan tanp la pou « ofri l' bay Senyè a.» Selon lalwa chak premye pitit gason nan fanmi pèp Izrayèl se pou Senyè a li te ye. Nan seremoni sa a yo te remèt li bay Senyè a, epi apre yo peye pou li, sa vle di, yo achte li nan men Senyè pou yon kantite senk sik.

Nan okazyon sa a Mari te ofri sakrifis pou pirifiye l'. Selon Levitik 12, fanm nan vin pa nan kondisyon pou sèvi nan seremoni a apre li fin fè yon pitit gazon. L'ap pase karant jou, apre fanm nan te fin pase tout jou sa yo, li te vini nan tanp la pou ofri de sakrifis: yon mouton olokòs ak yon pijon pou ekspyasyon. Sakrifis Mari te bay yo montre ke li menm ak Jozèf se pòv yo te ye. Sakrifis odinè a se te yon mouton ak yon pijon. Sepandan, pòv yo te kapab pote de pijon si mwayen yo pat pèmèt yo pou yon mouton. Pwiske Jozèf ak Mari te pote de pijon yo sa montre klè ke yo pat kapab bay plis.

7. Simeyon ak Ann

Gen prèv ki montre nou ke lavi ispirityèl la nan tan Jezi a te ba anpil. Men Bondye toujou genyen vrè sèvitè pa li, paske nou wè nan jou sa yo te genyen kèk moun nan mitan pèp Izrayel la ki te gen krentif pou Bondye. Pami yo nou jwenn Simeyon ak Ann.

Simeyon se te yon nonm ki t'ap tann pou wè «konsolasyon Izrayèl la» sa vle di, Kris ki gen pou vini an. Paske Sentespri te di l' li pap mouri jouk tan li pa wè Redanmtè Bondye te pwomèt la, moun li t'ap tann nan. Jou sa a, lè yo te pote Jezi nan tanp la, Sentespri te kondi Simeyon la e li mennen l' kote Jozèf, Mari ak Jezi. Simeyon te kenbe Pitit la sou bwa li, e li te loue Bondye.

Nan chan Simeyon an li panse nan pwòp tèt pa l' tankou yon sèvitè yo te anchaje men k'ap tann yon bagay ki gen yon gwo enpotans. Lè pwomes sa a te konpli, Simeyon te vin santi li gen lapè e l' te gen anpil jwa, paske se yon bagay ki konplètman mèveyez. Pou fè yon deskripsyon sou sa l' t'ap tann nan. Se delivrans Bondye te pwomèt la, pou tout pèp yo, «limyè pou revelasyon moun lòt peyi yo e laglwa pou pèp ou Izrayèl» (Lik 2:32).

Mari ak Jozèf te konsyan ke Jezi se Mesi a Bondye te pwomèt la. Sepandan yo pat konprann komplètman sa sa vle di, se pawòl Simeyon yo ki te fè yo vin genyen l' anpil admirasyon. Anplis pase chan lwanj li a, Simeyon te mande pou benediksyon Bondye vin sou yo epi l' te pwofetize sak va pase nan lavi Jezi. Li te di Jezi ap pral mete divizyon nan lemonn. Nan li kèk moun ap leve pou rive jouk nan laglwa, epi kèk lòt ap pral choke pou tonbe. Mari tap soufri lapenn ak angwas. Li di «Kanta ou menm, Mari" Se tankou yon nepe kap travèse kè ou" (Lik 2:35). Nou pa kwè klas pawol sa yo te kapab fè Mari ak Jozèf etone, pou bagay Bondye tap fè nan lavi yo.

Te gen kèk lòt rezon toujou pou admirasyon an. Te gen yon genmoun fanm ki te rele Ann, yon vèv ki pase anpil tan nan tanp la ap lapriyè Bondye, Sentespri te mennen li kote ti Jezi te ye a. Li te ogmante sou temwayaj Simeyon an, e li te pote nouvèl la bay tout moun nan Jerizalem ki t'ap tann Kris la ki gen pou vini an, epi kounye a li resi vin parèt tout bon.

Rezime

Nan levanjil yo gen de aspè ki ensiste sou nesans Kris la: Preparasyon yo pou nesans Kris la, e nan nesans li, li te temwaye se li ki Kris la. Nan preparasyon nou jwenn nan vizit zanj nan fè Mari a, revelasyon Sentespri bay Elizabèt la, e resansman o kontwòl nan Palestin nan. Pwofesi yo nan Ansyen Testaman kompli lè Bondye dispoze yon resansman pou Jozèf ak Mari te ale Betleyèm nan moman Jezi te dwe fèt la.

Te genyen anpil temwayaj sou nesans Jezi a. Zanj yo, gadò mouton yo, Simeyon, Ann, yo tout te rekonèt li kòm Redanmtè Izrayèl ki te gen pou vini an. Se poutèt sa, anpil lòt konnen Kris te resi vini, e pawòl pwofèt yo definitivman te konpli. Sepandan, malgre yo te annonse nesans Kris la klèman, menm pwòp pèp li a, pou fini te refize li. Ala gran peche lòm gran!

Keksyon Sou Etid La

1. Nimewote chak bagay Gabriyèl te di Mari sou Pitit li pral genyen an?
2. Kijan Mari te montre lafwa li?
3. Kòman Bondye dispoze bagay yo pou pwofesi Miche 5:2 a ka konpli?
4. Esplike kisa chan zanj yo vle di.
5. Fè yon deskripsyon jan gadò mouton yo te aji.
6. Ki seremoni ki te fèt an favè Jezi nan ansyen Testaman?
7. Sa sa vle di te genyen seremoni?
8. Kisa pawòl Simeyon yo ki rejistre nan Lik 2:29-35 vle di?

Pou Etid Siplemante

1. Ki pozisyon Mari ta dwe genyen nan legliz nou yo?
2. Eske Jezi te Sovè a depi li te fèt, o li rive vin sa apre? Esplike sa.
3. Nimewote resanblans ak diferans yo ant kantik Mari a ak chan Ann nan. Egzamine I Samyèl 2:1-10. Poukisa pèp la pat kwè se Jezi ki te Mesi a?

CHAPIT 9

PITIT LA TE GRANDI

Li Matye 2:1-23, Lik 2:40-52

Keksyon Pou Preparasyon

1. Kilès moun nèg save yo te ye?
2. Ki sak te pase, lè yo rive Jerizalèm?
3. Poukisa Jozèf te mennen fanmi l' nan peyi Lejip?
4. Kisa nou aprann sou Jezi lè l te vizite tanp la?

Entwodiksyon

Lik fè yon ti kanpe pou bay kèk detay sou nesans Jezikri a, e li anrejistre yon evennman ki pase nan anfans Jezi. Men Matye pa pale long sou nesans Kris la. Li ban nou yon ti enfòmasyon sou vizit zanj la te fè Jozèf la, se li ki te konvenk li pou l' asepte Mari pou mandanm ni kwak li te soti ansent. Anplis li fè nou konnen, Jozèf ak Mari te marye e Mari te rete vyèj jouk apre Jezi te fèt. Li pa anrejistre okenn lòt evennman, esepe vizit nèg save yo. Istwa nèg save yo prezante Jezi kòm wa jwif, epi se sou aspè sa a Jezi genyen an presizeman, Matye te vle ensiste.

1. Nèg save yo

Levanjil Matye a di nou, »Lè Jezi te fèt nan Betleyèm nan Jida, sou tan Wa Ewòd, kèk nèg save te soti nan peyi kote solèy leve Jerzalèm» (Matye 2:1). Matye pa di nou kilè yo te rive, esepte pandan rèy Gran Wa Ewòd la. Nou dwe konpare istwa Matye a avèk istwa Lik la pou dekouvri kilè yo te fè vizit la.

Si nou gade sa byen vit na dekouvri ke se yon erè koutim dram nouwèl ki prezante gadò yo ak savan yo ki te vizite Jezi nan menm tan. Gadò mouton yo rive nan yon etab, nèg save yo nan yon kay (Matye 2:11). Gadò mouton yo te fè yon ti mache ki tou kout pou travese chan yo; nèg save yo te mache kèk kilomèt. Lè Ewòd t'ap chache touye Kris la, li te touye tout ti pitit gazon nan lavil Betleyèm ki te gen pi piti pase dezan. Si nèg save yo te avèti Ewòd lè Jezi te fèk fèt, Ewòd pa ta bezwen touye tout timoun piti ki gen laj dezan. Li sanble nèg save yo te rive anpil mwa apre Jezi te fèt la. Pa konsekan, nou mete vizit nèg save yo apre yo te fin prezante Jezi nan tanp la.

Pwobableman, nèg save yo se te, manm yon klas prèt nan kèk peyi solèy leve yo te ye. Relijyon Pès la ki te gaye l' sou tout peyi solèy leve a, li te konsidere ke zetwal yo te gen yon gran enpòtans nan lavi imèn. Nèg save yo se yo ki te konn fè delijans pou dekouvri yon zetwal, o astwològ yo, e yo te gade siy la avèk anpil atansyon, yo te konn chache dekouvri kèk siy nouvo o kèk siy yo pa konn abitye wè ki te ka gen yon siyifikasyon espesyal.

Nèg save sa yo gade yo wè yon gwo zetwal ki te parèt nan syèl la. Kèk ti detay ki gen relasyon avèk zetwal la te konvenk yo sou enpòtans li. Se kapab yon zetwal espesyal, Bondye te kreye, presizeman pou okazyon sa a, o petèt yon konbinezon etranj zetwal nan nenpòt jan. Nan tout fason, Bondye itilize l' pou anonse nesans Kris la.

Kòman majisyen yo ta gen konesans sou Kris la? Kisa ki ta fè yo relasyone zetwal sa a avèk yon wa jwif yo? Ou dwe chonje ke yo te depòte jwif yo nan peyi Siri ak Babilòn. Lè yo te ba yo otorizasyon pou yo tounen lavil Jerizalèm, se te yon ti gwoup sèlman ki te fè l'. Yon gran pati nan jwif yo te rete anegzil nan peyi kote yo te ye a. Se sa ki fè jwif yo te vin anpil nan tout latè kote yo te ye nan kwen solèy leve. Yo t'ap grandi annabondans. Yo jwenn tanp yo nan chak vil, epi anpil moun lòt peyi te konnen Lekriti yo. Nan fason sa a, se petèt, nèg save yo te genyen kèk konesans lekri ebre yo ki te sèvi kòm gid. Nou ka di liv Danyèl la, espesyalman te ka ede yo pou rive nan yon konklizyon ke Wa jwif yo te fèt. Pwiske Bondye te deja montre yo siy nesans Jezi a nan zetwal la, yo te antre prann vwayaj la pou rann li lomaj ak respè.

2. Li Rive Jerizalèm

M' sipoze pèp Jerizalèm nan dwe te byen sezi jou sa a, lè yon gwoup moun te parèt tou kouvri avèk pousyè yo te pote sou tout kò yo soti byen lwen, yo te sou cheval yo, epi yo te antre nan pòt vil la epi yo mande ki kote yo kapab jwenn ti bebe ki fèk fè la, Wa jwif yo.

Kèksyon an te konfonn pèp la. Yo te konnen kijan Ewòd ta reyaji lè l' tande yon keksyon parèy, e yo te krent pou sa li te kapab fè. Ewòd se te yon vye nonm mefyans, ki te toujou santi l' toumante nan panse l' pou l' pa pèdi twòn li. Sa pa ta koute l' anyen pou pouse l' fè nenpòt zak, depi se pou pwoteje pouvwa l'. Menm manm nan pwòp fanmi l' li te rive ansasinen yo, paske l' te panse yo kont li.

Keksyon an te nwi Ewòd tou. Li pat vle wè okenn moun ki te kont twòn li. Poutèt sa, li te voye chache eskrib yo pou vini nan palè l', e li te mande yo ki kote Kris la te gen pou l' fèt. Yo te konnen repons kèksyon Ewòd la. Pwofèt Miche te montre klèman ke Kris la dwe fèt nan Betleyèm. Yo di Ewòd sa li te vle konnen, e pou sa yo te bay nèg save yo enfòmasyon sifi pou fin acheve vwayaj yo.

Nèg save yo panse, Ewòd se te yon nonm ki relijye anpil. Li chache tout mwayen posib pou l' ede yo jwenn ti pitit la. Li te menm mande yo pou yo tounen Jerizalèm pou yo ka di l' ki kote yo jwenn pitit la pou li menm, li kapab al adore l' tou. Men li te toujou ap prepare lanmò Kris la.

3. Adorasyon nèg save yo

Lè nèg save yo sòti Jerizalèm zetwal la te parèt yon lòt fwa e li te gide yo pou y'ale Betleyèm. Lè yo rive la yo jwenn ti Jezi kouche nan krèch la epi yo ofri li kado yo te pote pou li yo. Pita yo avèti yo nan rèv pou yo pa tounen al wè Ewòd; yo te fè yon lòt chemen pou tounen nan peyi yo.

4. Kouri al Lejip la

Nèg save, Bondye te dirije yo te gate plan Ewòd la, men yo pat fè l' deziste move lide l' la. Lè li rann kont nèg save yo pat tounen, Ewòd te kòmanse ap fè lòt plan nouvo pou touye wa sa a ki kont li a. Ewòd te fè kalkil sou enfòmasyon nèg save yo te ba li a, epi li rezime ke Kris la pat ankò gen dezan. Alò, se konsa, li te pase lòd pou te touye tout ti gason nan Betleyèm ki te gen dezan o pi piti pase sa.

Plan Ewòd la te ka gen siksè; men Bondye te avèti Jozèf nan yon rèv e li te kouri al Lejip avèk tout fanmi li. Yo te rete la jouk Ewòd te mouri. Yon lòt fwa ankò Jozèf te resevwa lòd Bondye e li te retounen avèk fanmi li nan peyi natal li. Lè l' rive nan Jida, li te sezi ke se Akelayis, Pitit Ewòd la, ki te mechan tankou papa li, se li ki t'ap gouvènen nan peyi a. Pandan li t'ap panse sou sa li dwe fè, Bondye te pale avè l' ankò, pou li rete nan Nazarèt Galile. Se la li te enstale l' ak fanmi li e se la tou Jezi te pase anfans li ak jenès li.

5. Jezi nan Tanp la

Lik fè nou konnen «Pitit la menm t'ap grandi, li t'ap devlope. Li te gen kont lespri l', epi favè Bondye te avèk li» (Lik 2:40). Se tankou tout lòt timoun jwif yo, Jezi te resevwa enstriksyon sou lalwa Bondye a e li te ale lekòl nan sinagòg la. Devlopman li te gen menm sans tankou lòt ti kamarad jwèt li yo, men sepandan nan tout lavi Jezi te gen manifestasyon benediksyon espesyal favè Bondye. Kwak li te patisipe nan nati imèn nou an, li pat janm gen peche nan li. Poutan, li grandi e li devlope san li pat resevwa okenn mak peche e li te yon timoun trè agreyab. Li te pote nan fizik li, nan mantalite l' ak nan lespri li siy benediksyon gran favè Bondye yo.

Kòm se te koutim ant jwif ki gen bon kè, Jozèf ak Mari t'ale Jerizalèm yon fwa pa lane. Nan fèt Pak la Jezi t'ale avèk yo lè l' te gen douzan. Petèt li te deja konn ale avèk yo avan, men vwayaj douzan li a, se li ki ekri nan levanjil la depi envennman sa a te rive a. Apre fèt la, Mari ak Jozèf te retounen lakay yo. Yo te panse Jezi te la nan wout la avèk yo. Kòm se te koutim gason ak fanm yo te mache apa. Timoun yo vwayaje avèk fanm yo. Jezi te gen laj yo te ka konsidere l' kòm timoun o jen ti gason toujou. Se petèt Mari panse li t'ale avèk Jozèf, poutan Jozèf panse li t'ale avèk Mari. Se jouk lè jounen an fini, epi tout fanmi yo te reyni pou repoze pandan lannwit, lè yo t'ap chache e yo te wè Jezi pat ansanm ak yo. Nan denmen yo te retounen Jerizalèm epi se jouk bout twa jou apre yo te jwenn li nan tanp la.

Jwif eskrib yo te gen kòm koutim pou rete nan vil la pandan kèk jou apre fèt la epi yo te reyini pou diskite kèk tèm enfòmel. Nan reyinyon sa yo nenpòt gason nan jwif yo te kapab patisipe e se te yonn nan bagay ki te atire atansyon Jezi. Tou dabò, metòd enstriksyon jwif la te baze prensipalman, nan keksyon e repons. Jezi te genyen opòtinite pou l' pale. Tèlman fason jan li te pale a te klè, sa fè eskrib yo te ret sezi. Paran Jezi yo te rive lè diskisyon an te sou twazyèm jou li.

Fason Mari te pale ak Jezi a bay yon espresyon amoure (Lik 2:48) e Jezi petèt te dwe santi li tris poutèt li kòz paran li yo twouble nan lespri yo. Sepandan repons li a montre li genyen konsyans sou gran responsabilite li. Papa l' te voye l' sou latè e l' te santi l' bezwen la nan kay Papa l' (Lik 2:49). Kwak Jezi te timoun, li te genyen konprann sou zèv li te vin egzekite a. Men pi plis ankò li te soumèt anba paran li yo. Ak obeyisans li te soti nan mitan eskrib yo pou tounen Nazarèt avèk Jozèf ak Mari.

Keksyon Sou Etid La

1. Ki envennman yo ki gen relasyon avèk nesans Jezi, yo di nou nan Matye?
2. Ki moun nèg save yo te ye?
3. Kòman yo te fè konnen nesans Jezi a?
4. Fè yon deskripsyon kisa nèg save yo te fè pou yo te rive Jerizalèm.
5. Kòman Ewòd te vle detwi Jezi?
6. Kòman Bondye te pwoteje Kris pitit li a?
7. Poukisa Jezi te rete Jerizalèm apre fèt Pak la?
8. Ki egzanp Jezi kite pou timoun ki kretyen yo, selon Lik 2:41-52?
9. Ki evennman istorik chapit sa a ki fè teyat nan Revelasyon 12:4?

Pou Etid Siplemante

1. Poukisa li enpòtan nesans Kris la se moun lot nasyon ki te konnen sa (nèg save yo)?
2. Konpare Lik 2:40 e 52 avèk Ezayi 53:2 e 3. Kòman de afimasyon sa yo sou Jezi kapab rive vin sèten?

PATI 3

KOMANSMAN
LEV KRIS LA

CHAPIT 10

YON VWA K'AP RELE NAN DEZE A

Li Lik 3:1-20

Keksyon Pou Preparasyon

1. Kisa pwofesi Ansyen Testaman yo te di sou Jan Batis?
2. Poukisa pèp Izrayèl la t'ale koute Jan Batis?
3. Sou kisa Jan te ensiste nan predikasyon l'?
4. Kòman lèv Jan an te fini?

Entwodiksyon

Premyè istwa twa levanjil sinoptik yo genyen ansanm se lèv Jan Batis la. Rezon an klè; lèv Jan Batis vin anvan pou prepare lèv Senyè Jezikri a. Mak kòmanse levanjil li avèk entwodiksyon sa a: «Men kòmansman Bon Nouvèl ki pale sou Jezikris, Pitit Bondye a» (Mak 1:1). Kòmansman levanjil sa, o Bon nouvèl yo, se lèv Jan.

1. Pwofesi Ansyen Testaman

Matye, Mak ak Lik kòmanse istwa Jan Batis la selon sa yo te di nan Ezayi 40:3-5. Pasaj sa rakonte nou rapò ki genyen ak «vwa moun k'ap rele byen fò nan dezè a: Pare chemen Bondye a, fè chemen an byen dwat pou Bondye.» Matye, Lik ak Jan aplike pwofesi sa a sou Jan Batis. Paske pawòl sa yo Ezayi te di a, mete klè ke chemen sa a ki te pare a se pou Senyè a menm, pwofesi sa a rete kòm prèv evanjelis yo konsidere Jezikri divin. Defèt ke se Jan ki moun ki te vin anvan l' la, li klè ke tarvay li se te drese chemen pou Kris la, sa vle di, preparasyon kè lèzòm pou resevwa l'. Se pa mwayen travay preparasyon Jan an, delivrans Bondye a ap prezante bay tout moun.

2. Nouvo Pwofèt la

Jan te atire atansyon moun nan Palestin. Te gen yon tan pwofèt yo te genyen yon figi familye pou tout moun, paske Bondye te rele anpil moun pou fè pèp la konnen volonte l'. Men pandan kat syèk ki te pase yo pat gen okenn pwofèt. Sa se te yon bagay sèten nan tan Samyèl la «epi yo pat jwenn pawòl Letènèl la nan tan sa a paske yo pat gen vizyon avèk frekansite» (I Samyèl 3:1) epi se tout bon tou nan jou yo anvan Jan te kòmanse preche a.

Jan te atire atansyon moun non sèlman paske li te premye pwofèt apre plizyè syèk; men tou paske li te abiye tankou yon ansyen pwofèt. Moun ki te ini nan lespri ak pouvwa Eli a, li te abiye l' tankou pwofèt sa a. Malgre Jan te preche nan dezè a, toupre Larivyè Joden an. Li te atire atansyon moun yo, nan yon tèl grad ke anpil nan moun yo te rasanble nan dezè a pou koute li.

Lik mansyonen moun ki t'ap dirije yo ak chèf prèt Izrayèl yo nan tan Jan te kòmanse preche a (Lik 3:1 ak 2). Se sa ki fè nou konnen ke Izrayèl te anba dominasyon Wòm, e Wòm li menm te anba chèf yon anperè demefyans, vanjans e san moral. Women yo te divize peyi Izrayèl yo an kat pwovens epi se moun payen yo ki t'ap gouvènen yo. Menm gran chèf prèt la te mechan. Odinèman se yon sèl chèf prèt ki te gen alafwa, epi moun yo te òdòne kòm chèf prèt la li te dwe rete jouk li mouri. Men women yo akòz pwoblèm politik yo, anpil fwa yo te nonmen nouvo chèf prèt. Alò, lè Jan te kòmanse preche, women yo te gen tan jete Ann, yo ranples Kayifas nan plas li.

Silans Long Bondye fè a te long anpil, aspè etranj Jan an ak sitiyasyon dezespwa Izrayèl la, yo fè pèp la soti pou koute mesaj Jan t'ap anonse a.

3. Nouvo Mesaj La

Jan te prezante tèt li bay pèp Izrayèl lè l' t'ap preche, «batèm repantans la pou padon peche yo» (Lik 3:3). Izrayelit yo te familyarize anpil avèk batèm nan. Pandan kèk tan li te genyen koutim

batize moun lòt peyi yo ki te vle konvèti yo nan moun ki adore Senyè
a. Batèm nan vle di ke lavi moun lòt peyi yo te vin pirifye. Yo pat
janm egzije jwif batèm sa a. Yo te konsidere tèt yo kòm moun ki pa
gen peche, paske yo te sitwayen gouvènman Bondye a. Men Jan li
menm te ensiste ke jwif yo te bezwen repanti e batize yo tou. Batèm
sa a te dwe siy yon chanjman nan kè, ak yon garanti ke Bondye
padonnen peche yon moun pechè ki repanti.

Yo te konsidere mesaj Jan an tankou yon atak pou lidè jwif la
ki di tout pitit Abraram yo ka delivre. Jan te atake lide sa a, epi li te
egzije ke pou tout jwif yo batize, e li di yo byen fò: «Fè bagay ki pou
fè wè nou chanje lavi nou tout bon. Sispann di nan kè nou: Se pitit
Abraram nou ye! Paske mwen pa kache di nou sa: Bondye kapab
pran wòch sa yo, li fè yo tounen pitit pou Abwaram» (Like 3:8). Sa
pat sifi pou Bondye, lè yon moun se yon jwif. Repantans la te nesesè
tou. Dòt anplis, sa te sèvi yon pretèks pou di Bondye ta fè moun lòt
nasyon yo delivre menm jan tankou jwif yo, paske li te ka fè menm
wòch yo tounen pitit Abraram.

Te genyen yon avètisman sou jijman k'ap vini an, ansanm
avèk apèl Jan t'ap fè sou repantans la. Jan te deklare ke jijman an te
prèt pou vini epi pat gen anpil tan ki rete, pou lèzòm pare kè yo pou
jijman sa a. Li te di, «Epitou, rach la pare pou koupe rasin pye bwa ki
pa bay bon donn, yo pral koupe sa, jete nan dife» (Lik 3:9).

Lè Pèp Izrayèl te mande Jan kisa yo dwe fè pou demontre
repantans yo, Jan te ba yo yon repons yo pa t'ap tann. Yo te montre
jwif yo pou konsève rit ak seremoni lalwa bagay ki te gen plis
enpòtans nan lavi a. Men Jan pat di anyen sou sa. Tout okontrè, li te
di pèp la yo te dwe montre yo santi yo tris anpil pou peche yo, pou yo
ede lòt. Obeyisans kòmandman an, «ou dwe renmen pwochen ou
tankou ou renmen tèt pa ou», se te mwayen sa a yo te dwe montre yo
te vrèman renmen Bondye.

Pèp la te dwe santi l' about pi plis pou repons Jan te bay
pibliken yo o moun ki t'ap ranmase tax yo, e se menm bagay li te fè
solda yo, lè yo te poze l' keksyon sa a. Moun ki t'ap ranmase enpo ak
solda yo se jwif ki t'ap travay pou women rayisab yo. Asireman, Jan
te dwe di yo repantans la te ka montre e kraze relasyon yo avèk
konkeran payen yo. Men se pat repons sa a Jan te ba yo. Li te di
pibliken yo piga yo itilize ofis yo pou yo volè pèp la. Li te di solda yo
piga yo sèvi ak fòs yo pou tòde men pèp la. Men li pat di ni pibliken

yo, ni solda yo dwe chanje travay yo pou yo kapab resevwa batèm nan.

Mesaj repantans Jan t'ap anonse a te sonnen tankou yon mesaj revolisyonè pou pèp jwif la, espesyalman pou eskrib yo ak farizyen yo, se menm tip mesaj sa pwofèt yo te konn preche nan Ansyen Testaman an. Men poutan, predikasyon Jan an te genyen yon nouvo eleman nan li. Gen kèk lòt ki te konn rele lèzòm pou repanti yo, men okenn nan yo pat deklare ke «wayonm syèl la te vin rive toupre» (Matye 3:2). Okenn nan pwofèt Ansyen Testaman yo pat anonse Mesi a te prèt pou vini.

4. Rive Mesi a

Aspè etranj Jan an ak odas nouvo mesaj li te anonse a enkyete moun yo pou poze yonn lòt keksyon si Jan se ki Kris la. Jan pat kite yo nan dout. Li di yo klèman se pa li ki Kris la; sinon yo te voye li devan pou fè preparasyon pou Kris la k'ap vini an.

Jan te pale ak pèp la sou Kris k'ap vini an, grandè li, ak gran travay l'ap vin fè. Jan te fè yo konnen kwak li te batize avèk dlo, Kris la ap batize avèk Sentespri e difè. Li te fè konprann ke Sentespri ap pirifye kè lèzòm.

Lè Jan te pale foul moun yo sou Kris k'ap vini an, li pat di yo ke Kris ap ba yo viktwa sou lenmi yo. Ni li pat pwomèt yo libète o endepandans nansyonal. Li te pale sou yon Jij ki gen pou vini. Li te konpare Kris la tankou yon kiltivatè ki t'ap travay nan tan l' la. Kiltivatè a itilize machin ki rele laye a, pou l' voye grenn ki mele ak pay anlè, konsa van an li menm li ka separe yo. Se konsa tou Jan prezante Kris, tankou moun kap vin separe bon moun ak mechan yo; epi la rekonpanse byen an e pini mal la. Poutèt Kris pral jije lèzòm, li nesesè pou yo ta repanti, pou yo te ka prepare pou lè l' vini.

5. Fen Lèv Jan an

Jan pat anonse mesaj repantans li a nan mas pèp la sèlman. Men li te preche gouvènè yo tou. Dirijan relijye yo soti pou koute li, li te rele yo «jenerasyon vèmin» (Matye 3:7). Li te kondannen Ewòd Antipas poutèt li te marye avèk Ewodyas, sak te madanm Filip, frè

Ewòd la. Lalwa Bondye te kondannen kalite maryaj sa a, e Jan pat manke pale dirèkteman kont yon peche sa a tou.

Anpil moun te koute mesaj Jan an e plis ankò Jan te denonse peche wa a, touswit yo te fè kòmantè sou li toupatou an chwichwi. Sa te rive nan zòrèy wa a pa aksidan. Antipa, tankou papa li, Ewòd Legran, yo pat pèmèt pèsonn amenase twonn yo. Li te pè Jan paske nèg sa a te ka fè opinyon piblik la leve kont li. Konsa tout vye bagay li te fè yo, Ewòd vin ogmante plis ankò sou sa l' te fè deja: «li te fèmen Jan nan prizon» (Lik 3:20).

Keksyon Sou Etid La

1. Kisa pwofesi Ezayi a di nou sou Jan ak Jezi? Ezayi 40:3-5.
2. Poukisa pèp la t'ale koute predikasyon Jan an?
3. Kijan batèm Jan te preche a te atake lide delivrans la ki di li ase depi yon moun se jwif, li sove?
4. Kisa Jan te di pèp la yo dwe fè pou montre repantans yo? Lik 3:1-14.
5. Kisa ki te nouvo nan predikasyon Jan an?

Pou Etid Siplemante

1. Konpare Jan ak Eli, di resanblans ak diferans yo genyen.
2. Kòman preparasyon Jan te fè a ede Jezi pou kòmanse lèv piblik li?

Chapit 11

PITIT MWEN RENMEN ANPIL LA

Li Matye 3:13-17

Keksyon Pou Preparasyon

1. Poukisa Jan te batize Jezi?
2. Kisa vwa a ak pijon an vle di?

Entwodiksyon

Jan te vin anvan Kris la. Pou anonse repantans e batize tout moun ki te repanti, li te fè preparasyon pou Kris k'ap vini an. Men li te fè preparasyon pou resevwa Mesi a nan yon lòt fason tou. Bondye te bay Jan privilèj dirije seremoni kote Li te deklare Kris la, «Moun Li Chwazi a.»

1. Prezantasyon Jezi

Jan ak Jezi se kouzen yo te ye, men pa gen okenn prèv ki di yonn nan yo te konnen lòt lè yo te piti. Pat gen anpil opòtinite pou yo te kontre. Jan te grandi nan yon vil Jida e li te pase jenès li nan dezè a. Jezi te pase kèk lane nan peyi Lejip e li te pase jenès li nan vil Nazarèt Galile.

Lè Jezi pwoche bò kote Jan l' mande l' pou l' batize, Jan pat vle batize l'. Tout okontrè li deklare ke se li menm ki te bezwen Jezi batize l' pito. Poukisa Jan te di sa? Kòman Jan te rekonèt Jezi diferan ak lòt moun ki te nan batèm nan?

Jan te gen kèk prensip estrik pou moun ki te vin batize yo. Se posib li te kòmanse egzamine moun ki te vle pou l' batize yo. Se sèlman konsa li te ka dekouvri si yo te repanti o yo pat repanti. Men lè l' pale avèk Jezi, Jan te dekouvri ke li pat gen anyen pou l' repanti l', paske Jezi te yon moun san tach. Alò se poutèt sa li pat vle batize l'.

Jezi te asepte ke Jan te gen rezon. Jezi pat bezwen batize. Men nan tout fason Jezi te mande Jan pou batize l', «Paske se konsa nou ka konpli ak tout jistis» (Matye 3:15).

2. Akonplisman tout Lajistis

Kòman batèm Jezi a te yon mwayen pou konpli tout lajistis? Jezi te fèt «pou l' te tankou frè l' yo sou tout pwen, pou l' te ka sèvi yo tankou yon gran prèt ki gen anpil bon kè pou yo, k'ap fè sa ki byen devan Bondye, pou ofrann li fè a ka fè Bondye padonnen peche tout pè la» (Ebre 2:17). Poutèt pou l' te kapab sèvi medyatè ant Bondye ak lòm, li te dwe konvèti l' an lòm. Pou l' te ka reprezante pèp li, li te dwe idantifye l' menm jan tankou yo. Pou l' te ka retire fòt peche yo. Jezi, «li menm ki pat janm fè okenn peche, men Bondye fè l' pran sò nou sou li» (2 Korint 5:21).

Idantifikasyon l' avèk pèp li e pou peye fòt peche yo, te rive nan pi gran wotè l' sou bwa la kwa, men se pa la vrèman li te kòmanse. Jezi te vini sanble yonn ak frè li yo nan lèv li. Se poutèt sa li te batize. Li pat gen peche pèsonèl pou l' te repanti, men li te dwe idantifye l' avèk pèp li. Apwe batèm nan, Jezi komanse travay li kòm Moun Kap Pote Tout Peche lèzom.

Te gen de siy ki te akonpanye batèm Jezi a: Pa lespri a, ki te vini nan fòm yon pijòn an, ak vwa ki te soti nan syèl la. Siy sa yo ede nou pou konprann siyifikasyon batèm Jezi a.

3. Desann Lespri a

Na kapab konprann desann Sentespri a sou Jezikri si nou etidye seremoni mete apa a (wen ak lwil) nan Ansyen Testaman, nan kote Bondye te chwazi sèvitè l' yo - Pwofèt, Prèt ak Wa yo, li te enstale nan ofis yo. Seremoni sa montre ke moun ki chwazi a.
1. Bondye te rele pou yon ofis espesyal.
2. Li te separe epi yo te anba pwotèksyon divin.
3. Sentespri desann sou li, pou l' kapab konpli devwa ofis li a. (Konpare 1 Samyèl 16:13.)

Seremoni lwil ki rejistre nan Ansyen Testaman an yo di memn bagay prèske tankou batèm Kris la. Batèm ni an te di:

1. Bondye te rele li pou l' vin fè Pwofèt Prensipal nou, Gran Chèf Prèt nou se Wa ka la pou tout tan an.
2. Li te chwazi espesyalman, malgre se Pitit Bondye li te ye.

3. Lespri Bondye te desann sou li, san mezi, pou te ka viv e travay, mouri e resisite pa pouvwa Sentespri a.

4. Vwa nan Syèl la.

Lè Jezi te batize, te gen yon vwa nan syèl la ki te anonse, «Sa a se Pitit mwen renmen anpil la. Li fè kè m' kontan anpil» (Matye 3:17). Vwa a se te temwayaj Papa a te bay an favè Jezi, se te yon deklarasyon divin ke Jezi te sakre e kounye a li kenbe yon relasyon entim ak Bondye. Non «Pitit» la se yon tit li bay Mesi a nan Sòm 2:7. Vwa Bondye depi nan syèl la ak desann Sentespri a montre nou ke batèm Jezi a se te kòmansman ofisyèl travay li kòm Mesi a.

5. Empòtans batèm nan

Batèm li a se te yon nan evennman ki gen pi gran enpòtans nan lavi Jezi. Se te kòmansman ministè li etan Kris. Se te kòmansman zèv entèsesè l', nan sa li te pran plas pèp li pou l' soufri e mouri pou yo. Tou sa ki vini anvan nan batèm nan se preparasyopn yo ye. Travay mesyanik Jezi a reyèlman te kòmanse avèk batèm li.

Keksyon Sou Etid La

1. Poukisa Jan te refize batize Jezi?
2. Poukisa li te nesesè pou Jezi te batize?
3. Kisa desann Sentespri a vle di?
4. Kisa sakreman mete apa a vle di nan Ansyen Testaman?
5. Ki twa verite sou Jezi nou jwenn nan batèm ni?
6. Kisa vwa nan syèl la te di nou sou Jezi
7. Poukisa batèm Jezi a te enpòtan?

Pou Etid Siplemante

1. Chache de egzanp kote yo te mete moun apa nan Ansyen Testaman e siyale nan ki fason twa siyifikasyon seremoni sa te rive nan wotè yo.
2. Si Jezi te toujou Pitit Bondye, poukisa li te nesesè pou li mete l' apa kòm Kris la?

Chapit 12

Dyab La Te Tante Li

Li Matye 4: 1-11

Keksyon Pou Preparasyon

1. Poukisa Satan te tante Jezi?
2. Kòman Satan te tante Jezi?
3. Kòman Jezi te fè fas tantasyon Satan yo?

Entwodiksyon

Aprè Jezi te fin batize, Sentespri te kondi li nan dezè a, pou Satan te kapab tante l'. Tantasyon an se te yon lòt pati esansyèl pou l' antre nan ministè piblik li. Se avèk batèm nan li te vin pran plas ofis mesyanik la, se avèk li tou, li te vin idantifye l' ak pèp la e li te antre nan travay Bondye te ba li a, Medyatè ant Bondye avèk lòm. Kounye a, kòmansman ministè l' la te nesesè pou l' kanpe fè fas avèk gran lenmi l' la, Satan, e l' ap venk li.

1. Siyifikasyon tantasyon an

Nan tantasyon an, dyab la te fè plizyè atanta pou l' te ka fè Jezi tonbe nan peche; kwak sa toujou li pat janm reyisi. Lè Jezi te kraze Satan, li vin gen otorite sou advesè e sou tout lame Satan an. Apre sa, Jezi montre otorite l' nan ministè li lè l' repouse demon sou moun yo. Li te deklare farizyen yo ke pouvwa li te gen sou move lespri yo se paske li te venk Satan (Lik 11:14-26).

Satan te tante Adan nan jaden Edèn nan. Adan te tonbe nan peche e li te pote sou lèzòm yon eta peche ak mizè. Li te tante Jezi tou; men li pat fè peche. Poutèt sa, li gen kapasite pou retabli lèzòm nan yon eta san peche ak kè kontan.

Nan lèt Ebre yo nou jwenn yon lòt rezilta tantasyon an. « Paske, Gran Prèt nou an, se pa yon moun ki pa kapab soufri ak nou nan feblès nou. Okontrè, nou gen yon Gran Prèt ki pase anba tout kalite tantasyon menm jan ak nou. Men li pat janm fè okenn peche

(Ebre 4:15). Isit la, nou aprann ke Jezi te tante pou li te ka vin moun tankou nou, pou l' te kapab afwonte tantasyon tankou nou soufri l' la. Li nòmal, ke Jezi pat janm sikonbe anba tantasyon an, li te yon moun konplètman san peche nan li. Men poutèt li patisipe nan tantasyon nou sa fè li vin gen konpasyon pou nou e li konvèti l' nan gran Chèf Prèt la ki kapab konprann pwoblèm nou yo ki ka ba nou sekou nan moman nou gen bezwen ki pi pwofonn.

2. Fè wòch yo tounen pen

Nan premyè tantasyon an Satan te pwofite feblès Jezi, paske li te grangou, paske li konnen Jezi te pase karant jou ap fè jenn. Dyab la te fè sijesyon pou Jezi te itilize pouvwa divin li pou l' ka jwenn kichòy pou manje. Sa te sanble yon sijesyon inosan... Kisa sa ta gen ki mal nan li, si ou ta chache satisfè bezwen fizik ou yo? Repons Jezi bay la pèmèt nou dekouvri peche ki te kache dèyè sijèsyon sa a.

Jezi te bay referans Detewonòm 8:3. Nan pasaj sa a, Moyiz fè pèp Izryaèl chonje Bondye te voye lamann pou yo manje epi yo dwe «konnen ke se pa avèk pen ase lòm ka viv, men avèk tout sa ki soti nan bouch Letènèl. Bondye te bay pèp la lamann pou montre Izrayèl li te ka satisfè nesesite pèp li a. Kèk fwa li te satisfè a travès yon mirak, menm jan tankou li te fè avèk Izrayèl nan dezè a; lòt fwa ankò Bondye te satisfè li selon rezolisyon l'. Pèp Bondye a dwe toujou mete konfyans yo nan Bondye lè yo nan bezwen. Yo pa dwe mete konfyans yo nan pwòp tèt yo, abilite yo, ni nan pwòp resous yo.

Nou kapab fè isit la, yon kout je sou riz Satan t'ap mennen an. Satan t'ap chache mwayen pou l' koupe tout konfyans Jezi te gen nan Bondye a. Li t'ap tante Jezi pou l' te ka fè l' kwè nan pwòp pisans l' pi byen pase pa Papa l' la. Men Jezi pat kapab fè yon bagay parèy. Li te vini pou l' sèvi kòm sèvitè Papa l', pou l' fè zèv Papa l', epi pou gen konfyans li ke se Papa a ki ba l' tout bagay. Se konsa, li te reziste nan premye tantasyon an.

3. Jete kò ou anba

Dezyèm tantasyon an li te fè l ak plis riz toujou. Jezi te reponn premye a avèk ekriti a, men kounye a Dyab la rive di ekriti a. Sa dwe fè nou chonje byen Satan ak sèvitè l' yo ka anplwaye pawòl

Bondye nan yon fason ki pa klè pour tòde la verite nan pwop enterè pa l.

Satan te mennen Jezi sou tèt tanp la. Sa te ka byen pase nan fòm yon vizyon, sikonstans sa a sanble ak Jezi te sou tèt tanp la. Alò, li te di Jezi pou l' jete kò l' anba, konsa pwomès espirityèl la ke «Bondye va bay zanj li yo lòd pou veye sou ou. Ya pote ou nan men yo, pou ou pa kase zotèy pye ou sou okenn wòch (Matye 4:6). (Konpare sa avèk Sòm 91:11-12).

Repons Jezi a siyale peche a egzat ankò ak sa li te tante l' la. Li bay referans yon pasaj nan Detewonòm, kote Moyiz te pale ak pèp Izrayèl, «Piga nou sonde Senyè a, Bondye nou an, jan nou te fè l' bò Masa a» (Dt. 6:16). Pèp la te plenyen poutèt yo te manke dlo nan Masa. Rèl yo te pwouve yo pat fè Bondye konfyans. Okontrè, yo te tante l' pito, epi yo te mete l' an eprèv. Yo te egzije l' pou l' ba yo prèv ke li te la avèk yo e l'ap pran swen yo.

Lè Jezi te di pasaj sila, li montre ke pou l' jete kò l' soti depi nan tèt tanp la pa ta yon manifestasyon lafwa. Se ta yon bagay ki kont lafwa, paske sa ta mete an eprèv si Bondye te fidèl ak pawòl li o non. Alò, si Jezi ta sikonbe nan tantasyon sa a, li pa ta bezwen viv pa lafwa. Li te kapab di pou kont li, «Mwen konnen Bondye se Papa m', Ki te m' fè eprèv sa a lè m' jete kò m' anba depi sou tèt tamp la.» Men Jezi te konnen, «Pèsonn pa ka fè Bondye plezi, si li pa gen konfyans nan Bondye», (Ebre 11:6) e konsa li ta ouvè pòt bay tantasyon sa a rantre.

4. Adore Mwen

Nan twazyèm tantasyon an Satan itilize pouvwa li pou montre Jezi yon vizyon tout gouvènman lemonn nan avèk tout richèz li yo, ak esplandè pisans li, ak glwa li. Li te ofri Jezi yo tout si l' inikman mete ajenou devan l' e li adore l'.

Bondye te deja fè Kris menm kado a. «Mande m', ma ba ou tout nasyon yo pou eritaj ou. Ma ba ou tout latè pou bitasyon ou» (Sòm 2:8). Sepandan pou Kris te ka resevwa rekonpans sa a pou li e pou pèp li, li gen pou l' soufri e mouri a. Satan te ofri li menm kado sa a san soufrans. Si Jezi te sèvi Satan pito pase Bondye, li te kapab egzante soufri touman lanmò a ak lanfè e li ta vin gouvènen monn nan imedyatman. Satan ta vle Jezi itilize mwayen pèvès yo pou l' rive nan yon bon bi.

Jezi te bay referans Detewonòm ankò: «Se Mèt la, Bondye ou, pou ou adore se li menm sèl pou ou sèvi (Matye 4:10). (Konpare Dt. 6:13). Se nan fason sa a Jezi te di Satan desizyon l' pou resevwa benediksyon Bondye te pwomèt yo nan fè sa ki fè Bondye plezi. Chemen obeyisans Papa ki nan syèl la, se nan chemen sa a sèlman Jezi te vle mache.

5. Jezi se Egzanp nou

Nan tout tantasyon yo Jezi se egzanp nou. Li se yon sèvitè pafèt pou Bondye, li menm ki gen yon sèl dezi pou fè Senyè a plèzi. Se sa y'ap tann nan men nou tou. Lè Satan tante nou pou nou dezobeyi Bondye, nou dwe gade Jezi tankou yon moun ki soufri anba tantasyon anvan nou. Nou ka aprann pisans Sentespri a kapab pwoteje nou pou n' pa fè peche e nou konnen nou gen yon Chèf Prèt ki kapab gen pitye pou nou nan tantasyon n' yo.

Keksyon Sou Etid La

1. Kisa Jezi te jwenn poutèt li pat rive sikonbe anba tantasyon Satan an yo?
2. Ki entansyon Satan te gen nan premye tantasyon an?
3. Kòman Jezi te venk li?
4. Ki entansyon Satan te gen nan dezyèm tantasyon an?
5. Kòman Jezi te konbat li?
6. Ki entansyon Satan te gen nan twazyèm tantasyon an?
7. Kòman Jezi te konbat li? Kisa nou kapab jwenn nan etid tantasyon Jezi yo?

Pou Etid Siplemante

1. Konpare tantasyon Adan an ak tantasyon Jezi yo.
2. Nan ki fason tantasyon Jezi yo ka sèvi nou yon egzanp pou nou fè fas ak tantasyon pa nou yo?
Chapit 13

Chapit 13

MOUTON BONDYE AN

Li Jan 1:29-51; 3:22-26

Keksyon Pou Preparasyon

1. Kòman Jan Batis te prezante Jezi devan disip li yo?
2. Kisa moun ki te jwenn Jezi yo te fè?

Entwodiksyon

Jan kòm apòt, li te ekri sou Jan Batis menm jan tankou lòt evangelis yo te fè l' la. Men se sèl Jan ki te anrejistre temwayaj espesifik Jan Batis te bay sou Jezi kòm Mesi a e Pitit Bondye.

1. Men, Mouton an

Lè Jezi te soti nan dezè a, e li te vini rive kote Jan t'ap fè batèm nan, e l' te di, «Men, ti mouton Bondye k'ap wete peche lèzòm sou tout latè» (Jan 1:29). Jan te panse sou batèm Jezi a. Li te medite sou siyifikasyon pijon ki te desann sou Kris la ak vwa ki te pale nan syèl la. Pawòl sa yo esplike konklizyon l' te fè yo.

Jan te kapab gen lide sou fraz, «Mouton Bondye a» timouton fèt Pak la, Egzòd 12, ak timouton ki mansyone nan Ezayi 53 a. Panse ki nan pasaj sa yo se prèske menm bagay yo ye. Ti mouton fèt Pak la se te yon sakrifis ki te ranplase premye pitit nan kay la. Se san li ki te sove pi gran tigason an anba lanmò. Nan Ezayi 53, pwofèt la di nou ke sèvitè Senyè a soufri paske li pote peche pèp Bondye a. Pita li di ankò: «Tankou yon timouton y'ap mennen nan labatwa, li pat janm louvri bouch li di krik. Wi, tankou you manman mouton ki pa di krik pandan y'ap taye lenn sou do l', li pat janm louvri bouch li di anyen» (Ezayi 53:7).

Nou jwenn nan toulede pasaj yo lide soufrans ak lanmò fè ranplase a. Espesyalman nan liv Ezayi a se yon bagay ki klè ke soufrans sa a se pou fini ak peche a. Jan te konprann byen ke ti mouton Pak la ak pwofesi Ezayi 53 t'ap pale sou Kris. Pijon an ak vwa nan batèm Jezi a te konvenk Jan ke Jezi se Kris ki te pwomèt la. Alò, se sou Jezi li te pale kòm moun Bondye te voye a pou wete o pote peche lèzòm.

2. Pitit Bondye a

Lè li pale sou Jezi a, se petèt Jan te itilize yon deklarasyon ki te deranje anpil moun ki te tande l'. Li te di: Men moun mwen t'ap pale nou an, lè m' te di nou gen yon nonm k'ap vini aprè m', men ki gen plis pouvwa pase m', paske li te la anvan mwen» (Jan 1:30). Jezi te parèt nan dram nan aprè Jan te deja kòmanse ministè l', nan sans sa a Jezi te aprè Jan. Men Jezi, etan Bondye, li te egziste depi tout tant. Alò, Jezi te la anvan Jan. J. B. Phillips kapte lide sa a nan tradiksyon li fè sou pawòl Jan Batis: «Eske se nonm sa a mwen pale lè m' di: yon nonm k'ap vini aprè mwen ki toujou la anvan mwen, paske li te egziste depi anvan mwen te fèt». Jan te rekonèt ke Jezi se Bondye nan fòm lòm e li te deklare ke li te egziste anvan Jan.

3. Premye Disip Yo

Temwayaj Jan Batis la se li ki te kondwi premye disip yo mennen bay Jezi. Lè de nan disip Jan yo t'ap pale sou Jezi, yon dezyèm fwa, ke se li menm ki timouton Bondye a, yo te swiv Jezi pou konnen pi plis sou li toujou. Yonn nan yo se te Andre, yo pat nonmen non lòt la, men nou panse se te apòt Jan, ki moun ki te ekri levanjil ki pote non sa a.

Andre te bay detay sou yonn nan kalite vrè disip la, depi menm lè li te konnen Jezi a. Epi apre li t'al jwenn frè li e li te mennen l' bay Kris la li menm e tout pèp Izrayèl la t'ap tann nan.

Filip, ki te jwenn Jezi yon jou apre, li te devlope menm atitid la pou swiv Jezi e pou temwaye non li. Apre li te rankontre avèk Jezi li te ale chache Natanayèl pou ba li bon nouvèl yo.

Kwak ke Natanayèl li menm se te moun galile li te ye li te gen tandans asepte dekrè moun k'ap pran pòz vanite ak ògèy moun Jerizalèm yo, ki di nan panse prejije yo ke nan Galile pa kapab gen anyen bon ki soti la dan l'. Malgre lide prejije sa a li te asepte defi Filip la pou l' vini wè Jezi Galile a epi pita li pran pwòp desizyon l' li menm. Natanayèl se te yon nonm ki te gen bon kè ak entelijan. Pawòl

Jezi yo moutre ke li te konnen panse Natayèl depi lè l' te chita pou l' medite a, sa konvenk li ke Jezi se te Mesi a. Li te konfese touswit, «Mèt, ou se Pitit Bondye a. Ou se Wa pèp Izrayèl la» (Jan 1:49).

Jezi te resevwa temwayaj anpil moun. Jan Batis, Andre, Filip, Natanayèl e kèk lòt ankò, yo tout te rekonèt li tankou Kris la. Tout temwayaj sa yo se lòm ki te bay yo. Men Jezi te di disip li yo, menm syèl la ap bay temwayaj sou mwen, «Sa m'ap di nou la a, se vre wi: Na wè syèl la louvri, avèk zanj Bondye yo k'ap monte desann sou moun Bondye voye nan lachè a» (Jan 1:51).

4. Li Dwe Kwè

Nou konnen yon lòt temwayaj Jan Batis bay sou grandè Kris la. Nan kèk tan, ministè yonn vin kouvri pa lòt. Alò, Jezikri te kòmanse ministè piblik li anvan yo te mete Jan nan prizon. Popilarite Jezi te grandi rapidman e anpil moun te abandonnen Jan pou wè e tande nouvo Mèt Galile a. Kèk nan disip Jan yo te twouble poutèt popilarite Jezi a.

Disip Jan yo tal pote'l plent pour popilarite Jezi a t'ap grandi tèlman ke li depase pa Jan an. Yo t'ap tann pou Jan ta dakò avèk plent yo, konsa petèt li te ka panse nan kèk bagay li te kapab fè pou kanpe poliparite Jezi. Men Jan pat fè okenn anyen. Okontrè, li kòmanse esplike yo ke Jezi te pi gran pase l'. Tou dabò, yo dwe tande li, paske anpil fwa Jan li menm deklare ke se pa li ki Kris la, men se li ki te vin prepare chemen pou Kris la. Fwa sa a Jan te konpare li avèk zanmi fiyanse a ki pataje jwa zanmi, san li pa chache wete li nan plas li. Li te esplike atitid chak vrè sèvitè Bondye nan pawòl yo. «Li fèt pou li vin pi gran, pou mwen menm, mwen vini pi pitit toujou» (Jan 3:30). Bondye te voye Jan pou li te ka siyale Kris la, e kounye a Kris la te deja rive, Jan te prèt pou l' mete kò l' sou kote.

Jan te esplike disip li yo tou, poukisa Kris la dwe premye. Se li ki te vin soti nan syèl la e ki pale verite selès yo. Kris se reprezantan Bondye pami lèzòm; moun ki tande pawòl Jezi, se nan Bondye li kwè vrèman. Dènye pawòl Jan yo te bay temwayaj sou Kris la. Yo esplike rezilta verite sa yo, «Moun ki mete konfyans yo nan Pitit la, yo gen lavi ki pap janm fini an. Moun ki dezobeyi Pitit la, yo pap gen lavi sa a. Se kòlè Bondye k'ap tonbe sou yo» (Jan 3:36).

Keksyon Sou Etid La

1. Kisa non « timouton Bondye a» vle di?
2. Kisa Jan te vle di lè li te di ke Jezi te la anvan l'?
3. Ki prèv Jan te genyen ki di Jezi te vrè Kris la?
4. Kòman Andre ak Filip te etabli bon egzanp pou nou?
5. Kisa ki fè Natanayèl konnen Jezi se Kris la?

Pou Etid Siplemante

1. Li Ezayi 53 ak Egzòd 12 epi ekri tout enfòmasyon ki gen relasyon ak timoun Bondye a nan pasaj sa yo.

Chapit 14

KOMANSMAN SIY LI YO

Li Jan 2

Keksyon Pou Preparasyon

1. Kisa nou kapab aprann sou vizit Jezi te fè Kana an?
2. Poukisa Jan rele «siy yo» mirak Jezi yo?
3. Ki dwa Jezi te gen pou netwaye tanp la?

Entwodiksyon

Kwak apòt Jan pa di nou anyen sou nesans ak anfans Jezi, li mete nan levanjil li a evennman ki te pase bonè yo ki anrejistre sou ministè piblik Jezi a. Mirak sa yo genyen kom objektif montre ke Jezi se Kris la e tout moun ki te wè mirak sa yo, te kapab konfye nan Kris la.

1. Maryaj Kana

Jan fè nou konnen lè premye mirak la te rive. Twa jou aprè Filip ak Natanyèl te rive rekonèt Jezi kòm Mèsi Bondye te pwomèt la, yo te selebre yon nòs nan Kana. Yon ti vil ki gen distans karant kilomèt nan nò Nazarèt. Yo te envite Jezi ak disip li yo ak Mari manman Jezi nan nòs sa a.

Nòs yo te konn selebre nan tan Jezi yo te diferan ak nòs jounen jodia. Non sèlman se papa gason an ki te chwazi fiyanse a, konsa tou seremoni maryaj la te diferan. Te gen yon seremoni ki te selebre nan sa nonm nan ak fanm nan te fè pwomès youn ak lòt. Pwomès la te gen yon resanblans ak mo «angajman» jwif yo te konsidere pwomès yonn ak lòt deja gen yon fòs legal e li pa kapab anile angajman sa a si se pa ak yon divòs. Apre kèk tan gason an te vini kay fi a, e li mennen l' lakay pa l', kote li te prepare yon fèt. Fèt la anpil fwa te konn dire yon senmenn, paske se tanzatan envite yo t'ap rive. Se nan yon fèt konsa Jezi te vin parèt. Prezans li nan fèt sila te apwouve mariyaj la e selebrasyon mariyaj la avèk rejwisans.

Te gen yon pwoblèm ki te prezante nan fèt Jezi t'ap asiste a. Diven an te prèske fini. Mari (manman Jezi) te vin bò kote Jezi e li di li sa. Jezi reponn ni «Nan kisa mwen ye avè ou madanm? Lè pa m' nan poko rive» (Jan 2:4). Sa sanble li pa agreyab an espanyòl. Men anreyalite fason jan Jezi te reprimande manman l' nan te pèzib e dou, li gen referans lanmou ak respè Jezi gen pou manman l'. Jezi t'ap fè l' wè ke lè a rive pou panse nan li kòm Senyè a pi byen pase pitit li. Konsa tou Jezi te di l', li gen yon tan ki siyale pou chak bagay li dwe fè. Epi yo chak dwe mache anakò ak plan Papa l', non selon plan lèzòm.

Mari avèti moun yo repons Jezi bay la, manifèste volonte l' pou l' ede yo, epi Mari te bay domèstik yo lòd pou yo fè tou sa Jezi mande yo fè. Sa Mari te fè a te bon, donk enstriksyon yo li te bay domèstik yo te sanble yo etranj. Jwif yo te sèvi ak anpil dlo nan seremoni pirifikasyon yo. Nan kay sa a te gen sis ja anwòch pou sa sèlman, yo chak te kapab kenbe katreven lit. Jezi te òdone domestik yo pou yo plen ja yo dlo. Pita li òdone domestik yo retire yon ti gout pou pote l' bay chèf kanbiz nòs la. Pandan y'ap retire dlo a nan ja, se konsa dlo a tounen diven. Sa a se te premye mirak Jezi te fè. Sa se te yon siy pou pèp la ka konnen se li ki Kris, Pitit Bondye a. Epi poutèt mirak sa a, lafwa disip li yo te ogmante.

2. Fèt Pak La

Lè ministè li rive nan pwen sa a, Jezi pat ankò kraze relasyon l' avèk fanmi li. Li t'ale Kapènawoum avèk manman li ak frè li yo e li te viv la pou yon ti tan kout.

Nòs Kana Galile a dwe te fèt okòmansman lane a, epi kounye a prentan an rive li, se nan menm moman sa a yo selebre gran fèt jwif yo rele Pak la. Se te koutim, chak gason jwif depi li te gen douzan o plis pase sa yo te dwe patisipe nan fèt k'ap dire sèt jou a. Jezi ak disip li yo nan obeyisans kòmandman Ansyen Testaman an yo te monte Jerizalèm pou Pak la.

Fèt Pak la se te yon epòk yo konn fè anpil sakrifis. Chak fanmi dwe sakrifye yon timouton epi prepare l' avèk manje Pak la. Te gen anpil lòt ofrann volontè pirifikasyon ki te fèt pandan Pak la. Pou yo te ka jwenn yon lòt sous o fon ekonomik siplemantè pèsonnèl, prèt yo te transfome lakou moun lòt nasyon yo nan yon mache ki aktif. Bi prensipal lakou a se te lapriyè, men kounye a se te gwo dezòd ki te gen ladan l'. Mouton yo ap begle, bèf ap rele tout sa te rann lè a chaje ak bri, e moun k'ap chanje lajan yo t'ap mennen yon biznis ki te bay anpil benefis.

3. Pirifikasyon Tanp la o (Netwayaj Tanp la)

Jezi pat tolore yon pèvèsite konsa konsènan vrè rezon tanp Bondye a. Li te pran yon raso ki fèt ak kòd li te chase tout komèsan yo ak zannimo yo. Li te chavire tab chanjè lajan yo. Pandan disip yo t'ap kontanple li, yo te chonje pawòl David la: «O Bondye, mwen sitèlman renmen kay ou a, mwen santi se tankou yon difè k'ap boule tou anndan mwen» (Jan 2:17). Yo rann kont ke tout bagay sa yo te aplike nan atitid Jezi te gen jou sa a. Li te jalou anpil pou jan yo t'ap aji nan sèvis Bondye a, epi kòm Jij ki gen otorizazyon divin, li te drese sa ki te kwochi. Avèk netwayaj tanp la, Jezi te montre pèp Izrayèl yo menm tou, yo bezwen pirifye yo epi li siyale li menm kòm Jij k'ap fè sa.

Avèk referans pirifikasyon Jezi te fè nan Tanp la, Jan Calvin di: «Nou tout nou dwe gen menm jalouzi Pitit Bondye a te genyen an. Men nou pa gen libète pou pran yon raso pou korije koutim visyèz yo ak men nou, paske nou pa resevwa menm pouvwa pou nou fè sa, e yo pa ban nou menm komisyon».

Netwayaj ki te fè san aksidan, ni opozisyon nan tanp la. Sepandan, lè Jezi te fini, li te wè jwif yo antoure l', pwobabman te gen pami yo, prèt ak gad yo ki t'ap siveye Tanp la, ki te egzije Jezi pou l' montre ki otorizasyon l' te gen pou l' fè sa. Eske se li menm ki Mesi a yo te ekri sou li a: «... n'ap wè Senyè n'ap plede chache a, ap vini nan tanp li a,... L'ap netwaye pitit pitit Levi yo»? (Mal. 3:1,3) Yo te egzije l' pou l' bay yon siyal kòm prèv otorite l'. Jezi reponn yo li di: «M'ap detwi tamp sa a kounye a. Nan twa jou m'ap rebati li» (Jan 2:19). Se yon deklarasyon ki gen anpil mistè ladan l', jwif yo te panse li t'ap pale sou tanp kote yo te ye a. Men sepandan Jezi t'ap pale sou rezirèksyon li, li te vle fè yo konnen viktwa l' sou tonbo a se ta siy yo mande a. Li posib, nan moman sa a okenn nan yo pat konprann sa li te vle di yo; men apre rezirèksyon an disip yo chonje pawòl sekrè sa yo, yo te konprann yo, epi yo te kwè.

4. Lòt Siy yo nan Jerizalèm

Jezi fè anpil kèk lòt mirak ankò nan Jerizalèm, kantite moun ki te kwè nan li yo te ogmante. Men lafwa yo te grandi anfavè li poutèt mirak li te fè yo, epi se konsa Jezi te kenbe tèt li avèk kretyen sila yo. Paske li te deja konnen kè lèzòm, e li te konnen ki jan li fasil pou lafwa yo ki te fonde sou mirak yo se menm jan tou l'ap disparèt si yon opozisyon ta vin leve kont li yon lòt ti kadè.

Keksyon Sou Etid La

1. Kisa istwa mirak Kana a montre nou sou mariyaj?
2. Poukisa Jezi te korije Mari?
3. Ki entansyon premye mirak Jezi a te genyen?
4. Kisa ki te pèvèti sèvis tout bon Jezi te korije a?
5. Ki otorite Jezi te genyen pou korije sak te kwochi?
6. Ki prèv li te bay sou otorite li?

Pou Etid Siplemante

1. Kèk moun di Jezi chanje dlo an ji rezen, men se pa an diven. Ou panse sa yo di a li korèk? Esplike sa.
2. Kisa Pak la te vle di?
3. Poukisa Jezi te kòmanse ministè piblik li nan fè mirak?

PATI 4

OTORITE LEV KRIS LA

CHAPIT 15

YON NONM NAN FARIZYEN YO

Li Jan 3:1-21

Keksyon Pou Preparasyon

1. Kisa Jezi te montre Nikodèm sou nouvèl nesans la?
2. ¿Nan ki sans yo konpare Jezi avèk sèpan an bwonz la?
3. Ak di entansyon Bondye te voye Jezi nan monn nan?

Entwodiksyon

Jezi te kòmanse ministè li avèk mirak Kana a, avèk netwayaj tanp la, avèk lòt siy yo nan Jerizalèm. Travay sa yo te montre klè se li Kris la. Se sa ki te idantifye l'. Se sa ki bay prèv ke li te gen pouvwa Bondye nan li tou.

Lè nou pale sou otorite Jezi a, nou pale sou dwa li genyen pou l' fè gid espirityèl pèp li a. Otorite vle di pouvwa legal o jis pou gouvènen. Jezi te deklare ke li genyen dwa pou l' di pèp la kisa ki volonte Bondye. Li te manifeste ke ansèyman l' nan se Bondye ki te bay li. Nan mesaj sou mòn nan li te fè konnen plizyè erè tradisyon jwif la genyen e answit li te kòmanse korije li avèk pawòl yo, «Mwen menm, men sa m'ap di nou» (Matye 5:28-34,39). Se te yon gwo demann pou yon moun di ke li genyen dwa prezante egzijans Bondye fè yo. Epitou pèp la te rekonèt, «li anseye yo tankou moun ki gen otorite e se pat menm jan ak doktè lalwa yo» (Matye 7:29).

Otorite Jezi a te fè l' vin lenmi avèk gran chèf prèt yo ak dirijan yo. Mirak yo ak mèvèy Jezi te fè yo wè se Bondye ki te voye li. Men yo pat vle admèt se Bondye ki te voye l' paske yo pat renmen koute mesaj Jezi yo. Sepandan, yonn nan yo, yon farizyen ki te rele Nikodèm, te kwè nan mirak Jezi yo, epi li te rekonèt otorite li. Li te vini vizite Jezi nan nwit pou wè si vrèman se li ki Mesi a.

Apòt Jan te anrejistre istwa Nikodèm nan paske pawòl Jezi te di li yo se rezime mesaj levanjil la, e paske Nikodèm se te yon temwen otorite Jezi a.

1. Vizit nan Nwit la

Nikodèm se te yon farizyen pèp la te respekte anpil paske li se yon moun ki obeyi lalwa nan dwati. Se te yon manm sanedren; donk, se poutèt sa li se yon gouvènè jwif. Se petèt, li te kapab yon eskrib, alò Jezi pale sou li, paske li konsidere l' kòm «mèt lalwa pèp Izrayèl» (Jan 3:10). Nonm nan ki te vin vizite Jezi lannwit la se te yon nonm ki te depase nivo lòt yo nan tout sans.

2. Entèvyou a

Nikodèm kòmanse konvèsasyon an avèk yon koutwazi nan deklarasyon kote li rekonèt otorite divin Jezi a kòm Mèt. Tout mirak Jezi te fè pandan fèt pak la yo te konvenk li, Jezi se moun Bondye voye a. Alò se poutèt sa li te vle aprann pi plis sou bagay Bondye yo.

Jezi koupe koutwazi a, epi li vire entwodiksyon Nikodèm nan lè l' reponn keksyon li pat menm ankò poze l' la avè pawòl sa yo: «Sa m'ap di ou la a, se vre wi: Pèsonn pa kapab wè Peyi kote Bondye Wa a, si li pa fèt yon dezyèm fwa.» (Jan 3:10). Si yon nonm ta renmen fè esperyans lagras Bondye epi antre nan lavi ki pap janm fini an, li dwe gen yon chanjman ki fèt nan kè l' konplètman, sa se tankou fèt nouvo. Li dwe konveti l' nan yon moun nouvo.

Nikodèm pat kapab konprann sa. Li te vle konnen kòman sa ta kapab rive fèt. Jezi te esplike l', fòk li fèt yon dezyèm fwa nan dlo e an Lespri. Jezi t'ap pale sou batèm nan, dlo a se sembòl Sentespri Bondye itilize pou fè netwayaj la. Nouvèl nesans la se bagay anndan kè, se pa yon bagay sou kò sèlman, epi se yon nouvèl nesans ki fèt nan nanm. Travay Sentespri a sanble avèk van. Ou pa ka konnen fiks ki kote li soti, ni anrejistre l' nan yon foto; men poutan rezilta prezans li yo manifeste e moun pa kapab nye yo.

Lè Jezi di li Sentespri a se tankou yon van, li te deklare nou pa kapab konprann presizeman kòman li travay. Nou pa konnen anyen plis pase sa, sèlman nou konnen Sentespri a travay. Men Nikodèm te mande: «Kòman sa te kapab fèt?» Keksyon li an gen anpil enkredilite ladan l'. Li pat dispoze l' pou l' kwè Sentespri a ta kapab ba li yon nanm nèf.

Depi nan pwen sa a, Jan anrejistre selman pawol Jezi te pwononse yo . Konvèsasyon ki te dwe kòmanse tankou yon entèviyou a fini tankou yon enstriksyon.

3. Enstriksyon An

Jezi te di Nikodèm li sèten, li menm kòm yon mèt nan Jerizalèm, li ta dwe konprann ansèyman l' yo. Nikodèm ak tout moun ki te tankou l' yo, li dwe repwoche yo pou enkredilite yo. Nikodèm te konnen ki moun Sentespri a ye. Li te gen relasyon avèk Jan Batis ak ansèyman l' yo tou. Ansyen Testaman Nikodèm ak eskrib yo etidye e anseye a, te pale sou Kris la anvan. Epi Kris la te pale senpleman sou bagay sou latè ak nan nouvèl nesans la, sepandan, Nikodèm pat kapab konprann Jezi. Alò, kòman li panse atò li ta ka konprann si Jezi ta pale l' sou bagay nan syèl la?

Jezi kòmanse esplike Nikodèm plan delivrans la. Li mansyone yon pasaj nan Ansyen Testaman sou zèv Kris yo, nou jwenn ni nan Resansman 21:4-9. Se te istwa sèpan an bwonz la ki te leve nan dezè a pou geri izrayelit yo. Menm jan sèpan an te leve nan dezè a, se konsa tou, Kris te genyen pou l' leve devan lèzòm pou yo kapab resevwa lavi etènèl la, epi pou yo rantre nan Gouvènman Bondye a pa lafwa nan Jesikri.

Nikodèm te resevwa yonn nan pi bèl mevèyez deklarasyon yo sou laverite Bondye, se sa ki ekri nan Jan 3:16 la. Nan pati sa a yo bay ki rezon Bondye genyen pou l' bay lavi etènèl la. Nan vesè sa a sèlman nou jwenn rezon ki di pou kisa li nesesè pou Bondye bay lavi etènèl la; ki jan Bonsye bay lavi etènèl e ki moun li bay li. Yo rele vèsè sa a «Levanjil ki anndan yon po pistach». Men tout menm lide sa a sou levanjil la bezwen plis detay ak esplikasyon, e Jezi li menm te kontinye enstriksyon li. Li te di klè, se li menm menm ki sant levanjil la. Pa gen lòt pòt pou rantre nan Gouvènman Bondye a si se pa nan li sèlman pou pase. Bondye te voye Jezikri pou l' ka delivre monn nan, se li menm ki gen pou jije monn nan tou. Li se limyè monn nan. Mechan yo kouri lwen l' al kache nan fènwa peche a; men sila yo ki fèt nan dlo ak Sentespri a vini jwenn li pou yo manifeste klè se pitit Bondye yo ye.

4. Rezilta A

Jan pat ekri anyen sou fason reyinyon sa a te fini, ni li pat ekri anyen nonplis sou kijan Nikodèm te reyaji. Men li mansyone sa de tanzantan , nan yon lòt kote nan levanjil li a. Yon fwa Nikodèm te defann Jezi nan sanedren an e yo te repwoche li poutèt li te fè sa. Epi pandan kò Jezi te sou lakwa, Nikodèm te fè yonn ak Jozèf Arimate pou mande Pilat kò a, pou yo depoze l' nan kavo. Enstriksyon Jezi te bay Nikodèm nan te fè efè nan li. Sentespri Bondye Toupisan an te antre nan kè li, e nouvèl nesans li pat kapab konprann okòmansman an, finalman te vin yon reyalite nan li. Nikodèm vin nan limye, «pou n' ka wè aklè se obeyi pou nou obeyi Bondye nan tout sa nap fè» (Jan 3:21).

Keksyon Sou Etid La

1. Fè yon deskripsyon sou pozisyon Nikodèm nan Izrayèl.
2. Poukisa Nikodèm te vin jwenn Jezi?
3. Kòman yon nonm kapab rantre nan gouvènman Bondye a?
4. Poukisa yon nonm dwe fèt nouvo pou l' ka rantre nan gouvènman Bondye a?
5. Kisa Jezi te montre Nikodèm sou li menm menm? Gade Jan 3:13-17.
6. Kisa Jan 3:16 montre nou sou rantre nan gouvènman Bondye a?
7. Poukisa kèk moun refize Jezi?

Pou Etid Siplemante

1. Bay resanblans ak diferans ant Kris ak sèpan bwonz ki mansyone nan Resansman 21:4-9.

CHAPIT 16

YON FANM SAMARITEN

Li Jan 4:1-42

Keksyon Pou Preparasyon

1. Ki relasyon ki te genyen ant jwif yo ak samariten yo?
2. Nan ki sans yo kapab konpare delivrans la ak dlo?
3. Koman konversasyon Jezi a avèk fanm samaritèn nan te fini?

Entwodiksyon

Jan te ekri Levanjil li a pou lèzòm ka kwè se Jezi ki Kris la. Li te chache mennen lèzòm nan konviksyon sa a pou prezante yo kòm temwen Kris -- moun ki te ansanm avè l' yo, ki te konnen l', e ki rekonèt otorite li kòm Kris, Pitit Bondye a. Nan twazyèm chapit Levanjil Jan an, li te prezante temwayaj endirèk yon gran chèf jwif yo. Nan pasaj sa a nou pral etidye jodia, nou pwal wè koman Jan prenzante yon fanm pechrès Samaritèn ki ta sèvi temwen Kris la.

1. Samariten yo

Jezi te nan peyi Jide a depi lè Pak la, li t'ap anseye e batize. Li te konnen ke ansèyman l' la te gen pwoblèm ak farizyen yo, e li te konsyan popilarite l' la ap leve yon gwo opozisyon bò kote yo. Opozisyon sa te deja rive. Men Jezi li menm li pat ankò prè pou lite avèk moun ki kont li yo, paske sa ka mennen l' sou lakwa. Poutèt sa tou, li soti nan Peyi Jide a e li tounen Galile.

Nan vwayaj li depi Peyi Jide a pou pase Galile li te travèse Samari. Te genyen divès wout pou rive Galile. Anpil jwif te pito travèse Jouden an e vwayaje bò kote lès larivyè sa a. Vwayaj sa a te pi long; men yo te fè li pou egzante Samari, peyi yo rayi. Yon istwa lenmi ak batay ki long anpil, yo toulede te gen yon gwo miray prejije ak rayisab nan kè poutèt sa.

Istwa samariten yo kòmanse avèk destriksyon gouvènman Izrayèl la nan lane 722 anvan Kris. Pi fò pèp la, te tounen pou repeple tè a. Rès izrayelit ki te rete yo, yo te mennen yo anegzil, epi moun peyi lasiri yo te mele maryaj yo ak payen lòt peyi yo, e kòm rezilta yo vin yon poblasyon melanje nan religyon tankou nan ras yo. Relijyon l' nan te konvèti nan yon inyon sèvis pou Senyè a ak dye payen yo. Yo bati pwòp tanp pa yo sou mòn Garizim nan. Yo te gen pwòp prèt pa yo ak pwòp sèvis yo. Pou plis detay sou relijyon yo, li 2 Wa 17:24 e swivan.

Enemitye ant jwif yo ak samariten yo kòmanse depi nan tan Esdras ak Neemi. Samariten yo te pretann ede yo nan konstriksyon Tanp lan, men jwif yo te refize èd yo a, paske yo te mele yo ak payen yo nan sèvis yo fè pou Senyè a. Lè yo refize èd yo a, samariten yo te konvèti yo nan gwo lennmi jwif yo. Depi nan kòmansman sa a rankin ant de pèp yo kòmanse grandi.

2. Pi Jakòb la

Jezi te mennen disip yo Samari. Yo te rive nan yon ti bouk Sika a sizyèm lè, ki koresponn a midi konsa. Te genyen yon pi an deyò lavil la. Tout moun te rekonèt li tankou pi Jakòb la. Se Gran papa yo, patriyak la, Jakòb ki te fouye l' e se te pòsyon tè sa Jakòb te bay Jozèf la. Jezi t'ap repoze la pandan disip yo t'al achte manje.

Pandan Jezi te chita la bò pi a konsa, te gen yon fanm samaritèn ki te soti lavil la pou l' vin pran yon ti dlo. Jezi te fatige anpil epi li te byen swaf tou, li te mande fanm nan pou l' ba li yon ti gout dlo. Sa te nwi fanm nan. Paske li te dwe bwè nan siyo l' la, epi te gen yon lòt pwoblèm ankò jwif yo pat janm konn manyen, ni manje ki te nan asyèt, o ni bwè dlo ki te nan gode samariten yo. Yo te kapab pase Samari. Yo te kapab achte manje samariten yo; men yo pat janm manje nan menm asyèt ak yo.

Sètènman, Jezi pat mele l' nan mòd prejije mizerab sa yo. Li te tolere tout, esepte peche a, e li te kapab inyore bann tradisyon jwif sa yo san pwoblèm. Sepandan, li pat pèdi tan san l' pat aplike l' sou fanm nan. Okontrè, li te di fanm nan li genyen yon dlo pou l' ofri l', men li pi bon pase dlo l' te mande l' la. Li t'ap pale sou dlo espirityèl la, kado gratwit Bondye a, sila ki ka satisfè bezwen ki pi fon nan nanm moun.

Lè fanm nan te mande Jezi pou l' ba li dlo sa a li te mande l' pou l'al chache mari li. Fanm nan te reponn li, epi li di'l li pat gen mari. Alò, Jezi te montre l' konnen tout sa ki nan kè lèzòm, lè l' te di l' li konnen tou sa kap pase nan lavi fanm Samariten nan. «Ou marye plizyè fwa deja, men kounye a, ou gen yon mari ki pa pou ou». Jezi te mete dwèt li sou malèng ki nan lavi li. Anvan li ba l' dlo ki bay lavi li te mande a, li te montre l' laverite ke li bezwen dlo sa a tout bon. Fòk fanm nan te wè peche l' yo klè, konsa li te prepare l pou te ka resevwa gras Bondye a.

Revelasyon sa a ki vini sou lavi pechrès la fè fanm nan chanje tèm nan. Jezi te ka gen entansyon pou evite yon tèm dezagreyab pou li; obyen onètman li te kapab chache enfòmasyon sou fason pou adore Bondye e vin san repwòch san peche. Jezi te reponn keksyon l' nan. Li te di li jwif yo te adore byen; men keksyon kote a se pa sa ki gen enpòtans; donk, lè a pral rive pou lèzòm adore Bondye nan tout nasyon. Seremoni nan Ansyen Testaman yo ki te limite sèvis seremoni an sèlman pou jwif ase va gen pou l' fini. Lèzòm nan tout nasyon va gen pou y' adore Bondye an lespri e nan laverite.

Lè fanm nan montre l li t'ap tann Kris la k'ap vini an, li menm ki gen pou revele tout bagay, Jezi te di li klè ke se li menm ki Kris la. Nou pa gen yon lòt rejis sou yon afimasyon klè konsa sou karaktè mesyanik li nan yon epòk pi bonè sou ministè li. Li sanble ke Jezi te konnen li te bezwen yon afimasyon klè konsa, pou konprann. Li pat anbarase ak fo lide jwif yo sou Kris la, poutèt sa li pat rive mal entèprete lide sou mesyanik sou Jezi a nan tèm materyalis o politik tankou sa jwif yo ta fè a.

3. Disip yo

Lè disip yo tounen sot lavil la avèk manje yo, yo te sezi pou wè Jezi t'ap pale avèk yon fanm samaritèn. Sepandan, yo te santi gen yon gran respè pou li, yonn nan yo pat manke mande l' anyen sou sa.

Fanm nan te kite Jezi epi li te tounen nan bouk la pou l'al pale patizan l' yo sou Kris la. Pandan tan sa a disip yo te bay Jezi manje yo te achte a e yo te priye pou l' manje. Men lespri li te anbarase, li t'ap panse nan zafè ki gen plis enpòtans pase manje. Li te konpwomèt li pou l' konpli volonte Papa l'. Li te repwoche disip yo pou mank konprann espirityèl yo. Yo te konnen lè a te rive pou rekolte semans la; men yo te rete endiferan, malgre tan an t'ap kouri vit pou rekòt espirityèl la.

An reyalite rekòt espirityèl la te prèske rive. Fanm nan te pale avèk tout moun ki te vle tande l' sou nonm mèvèye sa a. Li te di, «Vini wè yon nonm ki te di mwen tout sa m' te fè. Eske nou pa kwè se li ki Kris la? (Jan 4:29) Yo te reponn temwayaj li a, yo te vin pou wè e koute Jezi. Li te fè de jou nan bouk sa a, anpil moun te kwè nan li. Konvèsasyon Jezi a avèk yon fanm pechè a te pote fri delivrans pou anpil nanm.

Keksyon Sou Etid La

1. Poukisa Jezi te soti Peyi Jide a?
2. Ki moun samariten yo te ye?
3. Fè yon deskripsyon sou relasyon samariten yo avèk jwif yo.
4. Poukisa Jezi te revele karaktè Mesi li bay fanm sa nan yon langaj klè konsa?

Pou Etid Siplemante

1. Kisa nou kapab aprann nan istwa sa a ki ede nou pou temwaye non Kris?
2. Konpare dlo pi Jakòb la avèk dlo lavi Kris ofri nou an. Siyale resamblans ak diferans yo genyen.
3. Ki kalite adorasyon Bondye vle?

CHAPIT 17

PECHE LOM

Li Matye 4:12-25; Lik 5:1-11; 6:12,19

Keksyon Pou Preparasyon

1. Kisa gouvènman Bondye a ye?
2. Poukisa disip yo te swiv Jezi lè li te rele yo?
3. Pouki travay Jezi te rele disip li yo?

Entwodiksyon

Se sèl apòt Jan ki fè yon deskripsyon pou nou depi byen bonè sou ministè Jezi Kana nan peyi Galile e Jerizalèm diran Pak la. Ekriven levanjil sinoptik yo te kòmanse istwa ministeryèl Kris la nan epòk yo te mete Jan Batis nan prizon an. Jouk nan moman Jezi te rete nan Peyi Jide a. Men «lè li te tande yo te arete Jan li tounen Galile» (Matye 4:12). Nan Galile Jezi te devlope yon lèv l'ap anseye a, preche e geri moun yo. Pèp la te emosyone anpil e foul moun nan te fè yonn ak li.

Istwa travay Jezi nan Galile a revele diferan fòm kote Jezi te egzèse otorite l'. Li te fè anpil travay ak gerizon. Li te anseye e li te fè lòt mirak tou. Nan chapit sa a nou pral etidye otorite Jezi, lè l' te manifeste l' nan mesaj li sou gouvènman Bondye a ak lè li chwazi disip li yo.

1. Gouvènman Bondye a

Matye te rezime nan kèk mo mesaj Jezi te preche Galile a : «Tounen vin jwenn Bondye. Paske, Bondye ki Wa nan syèl la ap vin pran pouvwa nan men li.» (Matye 4:17). La a nou wè fraz, «gouvènman syèl la» prezante, se li ki gen plis enpòtans nan levanjil sinoptik yo. Jan mansyone mo sa inikman nan konvèsasyon Jezi avèk Nikodèm. Menm Jezi te dwe sèvi plizyè fwa ak fraz sa a lè l' fè deskripsyosn travay li.

Fraz «gouvènman syèl la» o «Gouvènman Bondye a» prezante Bondye tankou Mèt o Gran chèf. Se li ki gouvènen lavi lezòm. Se pa sèlman li gouvènen tout linivè a; men li gouvènen tout aksyon ak relasyon lèzòm nan yon fason pou yo k'ap san repwòch e gen plis kè kontan. Otorite sa a se li yo rele gouvènman Bondye a. Se yon gouvènman ki gen pouvwa, jistis ak benediksyon. Nou di gouvènman Bondye a rive toupre, lè pouvwa Bondye fè lèzòm santi l', lè lajistis gaye nan mitan yo ak bendiksyon l' yo tonbe sou yo. Nou wè sa espesyalman lè Bondye delivre yo nan peche.

Pwofèt Ansyen Testaman yo te pale sou yon epòk benediksyon divin nan ki te pou rive a. Danyèl te pwofetize sou tan lè «Bondye nan syèl la ap leve yon gouvènman» (Danyèl 2:44). Jan Batis te deklare ke gouvènman Bondye a te prèt pou rive epi lèzom dwe tounen vin jwenn ni. Pita Jezi te vin ak menm mesaj la tou. Sa yo deja di nan Ansyen Testaman an, li te rive lè pou l' konpli, se poutèt sa lèzòm te dwe prepare kè yo pou li.   Men antan ke Jan te vini anvan wa Mesi a, Jezi li menm se te wa ki te anonse pwòp gouvènman nan rive.

2. Vini jwenn Mwen

Lè Jezi rele disip li yo pou premyè fwa sa a montre otorite l' te genyen. Lè Jezi te voye nonm yo, pawòl li yo se te lòd yon wa selès, moun te dwe obeyi. Pandan Jezi t'ap mache bò lamè Galile a li te jwenn de frè ki t'ap peche pwason. Yo te byen okipe nan ofis yo lè Jezi te pwoche kote yo e li te pale ak yo, «Vin jwenn mwen ma fè nou tounen pechè moun pito» (Matye 4:19). Li te rele yo pou yon nouvo devwa nan lavi a, e touswit yo te vin jwenn ni. Matye pa sèvi ak mo sa «pita» osinon li vle di menm bagay «imedyatman», «touswit», «menm moman sa a»; men li sèvi avè yo la a pou montre ki jan yo t'ale swiv Kris vit. Wa a te sèlman rele yo e yo te obeyi l' menm moman an.

3. Dezyèm Rele A

Lik pat mansyone lè l' te rele disip yo premyè fwa a. Tout okontrè, li mansyone yon dezyèm apèl ki te fèt nan plaj Lanmè Galile

a. Pechè pwason yo te tounen nan kannòt yo ak senn yo. Petèt yo te envite yo pou yo rete avèk Kris pou yon titan kout. Petèt yo te dekouraje o yo te santi reskonsablite pou okipe fanmi yo. Nenpòt fason, yo te tounen nan travay yo.

Jezi te parèt yon maten byen bonè, yon gran foul moun te dèyè l'. Pechè yo t'ap fini yon travay yo t'ap fè pandan tout lannwit la, se menm lè sa a tou, Jezi te rantre nan kannòt ki te pou Simon an. Li te mande li pou antre kannòt la plis nan fon lanmè, konsa li ta ka pale avèk foul la pi byen. Apre li fini ansèyman li a, li di Simon antre nan fon lanmè a jete senn yo.

Simon te ka jwenn anpil rezon pou refize l'. Senn yo te deja lave, li te prèt pou mete yo chèch. Pechè yo te fatige anpil aprè yo te fin pase tout lanwit la ap travay yo te dekouraje paske yo pat pran anyen. Epi, se posib, lèmatèn se yon move moman pou peche. Men se Wa selès la ki t'ap pale ankò. Pyè pat refize l'. Li te voye senn li a e li te fè yon tèlman gran pèch de kannòt yo te tèlman chaje, yo toulede te prèt pou koule.

Lè Simon Pyè te wè mirak la li te konprann ankò ke nonm sa a se Bondye ki te voye l'. Li te gade li menm kòm yon pòv pechè ki pa diy, li te mete ajenou devan Jezi, e l' te mande l' pou l' retire kò l' kote l'. Pase Kris te fè sa, li te rele li ankò pou vin pechè moun, apèl sa a te rete pèmanant ak efikas. Lè yo rive deyò nan plaj la, pèchè yo te kite tout bagay epi yo te swiv Jezi.

4. Chwazi Apòt Yo

Sòf apèl Matye ak Levi a, evanjelis yo pat mansyone apèl lòt yo ki te vin konvèti nan apòt yo. Li sanble Jezi te rele anpil pou swiv li. Okòmansman li te genyen yon gwoup moun ki pat fiks ki t'ap swiv li. Paske nèg ki t'ap swiv li yo pat gen yon baz pèmanant. Men pita Jezi te santi l' bezwen yon ti gwoup nèg pou mache avè li tout tan, pou l' ka prepare yo.

Pou fè chwa sa a, se pa yon bagay Jezi pat pran l' alalejè. «Li te monte sou yon mòn pou l'al lapriyè. Li pase tout nwit la l'ap lapriyè Bondye» (Lik 6:12). Sèlman apre li te fè yon bon ti tan ap pale ak Papa l' te chwazi douz nèg pou fè disip li. Douz mèsye sa yo li rele yo apòt, ki vle di, «mesajè». Se pou yo t'ale avèk li, pou yo aprann sou li, epi pita la voye yo pou y'al pale pou li. Yo dwe vin dirijan legliz Kris pral fòme a.

Keksyon Sou Etid La

1. Esplike siyifikasyon gouvènman Bondye o gouvènman syèl la.
2. Kilès Jezi te rele e nan ki sikonstans?
3. Ki eskiz pechè yo te kapab bay pou yo refize swiv Jezi?
4. Poukisa Jezi te chwazi yon gwoup apòt?
5. Di non tout apòt yo, e di tout sa ou konnen sou yo chak.

Pou Etid Siplemante

1. Ki esperyans lavi kounye a ki koresponn nan apèl disip yo?
2. Chache nan yon diksyonè pawòl sa yo «disip« ak «apòt». Epi esplike ki diferans ki genyen nan siyifikasyon yo.

CHAPIT 18

JEZI GERI ANPIL MOUN

Li Mak 1:21-2:12; Jan 4:46-5:18

Keksyon Pou Preparasyon

1. Avèk kisa Jezi te geri Pèp la?
2. Kòman mirak gerizon an montre otorite Jezi?
3. Kòman pèp la te reyaji anvè Jezi?

Entwodiksyon

Ministè gerizon an se te yon pati ki enpòtan nan kòmansman travay Jezi a. Se jan nou deja wè l' la, Jezi te prezante'l devan pèp avèk anpil mirak. Evanjelis yo anrejistre divès ka ki demontre mirak gerizon yo te okipe yon pati enpòtans nan travay li.

1. Anbyans Gerizon Jezi Yo

Nan tan Jezi yo, yo pat gen anpil doktè, e moun ki te pratike medsin yo pat gen trop konesans pase sa a. Maladi yo ak blese yo se te pwoblèm serye yo te ye. Maladi nou konsidere ki pa anyen yo, anpil fwa se te maladi mòtèl yo te ye. Epi maladi ki ka geri kounye a, se te maladi ki pat gen gerizon pou yo. Nan sans sa a te gen anpil moun malad nan tan Jezi a, e yo te genyen anpil dezi pou yo santi yo byen, presizeman se konsa nou santi nou menm tou lè nou malad.

Jezi pat geri moun ki te malad kòporèl sèlman. Men li te geri moun ki te gen pi gwo pwoblèm yo tou. Nan tan Jezi a te genyen anpil gason ak fanm ki te gen move lespri. Li difisil pou nou konprann egzakteman, ki baz sa genyen nan «moun ki gen move lespri sou li a». Yon moun ki te genyen move lespri pat malad nan tèt. Men, se te anba domèn move lespri ki sou li a li te ye. Yon sèl èd ki te posib pou anpil moun ki te konsa, se te chase move lespri a. Se Jezi ki te kapab fè sa. Li te chase move lespri yo e moun ki te viktim anba li te tounen nan lavi nòmal yo.

2. Leson Gerizon Jezi Yo

Nou kapab aprann anpil bagay nan istwa gerizon Jezi te fè yo. 1. Bondye genyen enterè nan kò nou tankou nan nanm nou. Ministè Jezi a te ede moun yo konplètman, ni nan kò yo e nan lespri yo tou. Non sèlman li te wete peche lèzòm, men tou li te geri moun malad yo.

2. Jezi pat fè mirak gerizon pou fè pou li te enpresyone lèzòm, men pou bay ansèyman li yo plis fòs. Gen moun ki ret sezi lè yo wè yon moun fè yon bagay yo konsidere ki enposib. Men gen kèk moun ki pa fè anyen plis pase fè bagay pou rele lòt moun atansyon, yo sèlman fè fent yo konn fè mirak. Men Jezi li menm, li pat janm sèvi ak mirak yo nan fason sa a. Yon sèl bagay, mirak li yo te gen relasyon avèk ansèyman l' yo. Non sèlman li te geri lèzòm, men li te enstwi yo tou. Pa egzanp, gerizon nonm ki te gen men chèch la, li te fè li yon jou Sanmdi a (Mak 3:1-5). Jezi pat janm admèt mirak yo pran plas ansèyman an o kite yo nan tenèb. Yon fwa, lè bann moun yo t'ap chache l' poutèt li te fè anpil gerizon yo, li te oblije abandonnen zòn sa a pou l'al anseye nan lòt pèp Galile yo.

3. Ministè gerizon an egzije yon repons lafwa. Jezi te kapab geri moun yo menm lè yo pat kwè nan li. Men Jezi te vini pou lèzòm kapab kwè. Se Lafwa nan li ki pòt pou rantre nan gouvènman syèl la. Epi paske gerizon an te gen entansyon pou asire ansèyman li. Jezi te egzije moun ki te geri yo pou yo gen lafwa.

4. Ministè gerizon an montre korèkteman otorite li. Lè Jezi te kòmanse gerizon an, moun yo te konn sa touswit. Lè li te mete move lespri yo deyò nan sinagòg Kapènawòm, jan pèp la te reyaji a: «Sa sa ye la a menm!»: Sa se yon lòt bagay l'ap montre! (Mak 1:27). Menm move lespri yo li pase yo lòd ak otorite, yo obeyi li. (Mak 1:27) Pèp la te rekonnèt pawòl li te di yo se avèk otorite li te egzije obeyisans.

Jezi te montre ke mirak gerizon yo genyen bi pou demontre otorite li. Lè yo te poze keksyon sou dwa li genyen pou padonnen peche, li te geri yon nonm «Enben m'ap fè sa nou konnen, mwen menm, Moun Bondye voye nan lachè a, mwen genyen pouvwa sou latè pou m' padonnen peche» (Mak 2:10). Mirak gerizon Jezi yo genyen entansyon pou montre dwa li genyen pou l' dedye l' nan bezwen ki pi pwofon nanm lòm yo.

3. Rezilta Gerizon Jezi Fè yo

Pèp la te reyaji pou mirak Jezi yo, yo te reyini ansanm avèk li. Lè yo te konnen Jezi te geri yon malad, anpil lòt t' al jwenn li pou yo te ka jwenn gerizon tou. Te sitèlman gen anpil, moun Jezi pat menm kapab antre nan vil yo. Li te rete andeyò, kwak sa pèp la te soti nan lavil yo pou vin koute li.

Sepandan popilarite Jezi a pat pou tout moun. Te gen moun ki te wè nan fason popliarite li a t'ap grandi, se te yon amenas pou pozisyon pèsonèl chèf yo ak kòmandan jwif yo. Eskrib yo, farizyen yo pat vel wè l ditou. Mcn foul moun yo te tèlman an favè Jezi menm lennmi li yo pat kapab fè anyen kont li.

Keksyon Sou Etid La

1. Poukisa gerizon Jezi yo te popilè anpil konsa nan foul moun yo?
2. Ki leson n'aprann sou gerizon nonm ki te gen move lespri sou li a?
3. Ki leson n'aprann sou gerizon bèlmè Simon an?
4. Pouki pèp la te tann jouk solèy kouche pou yo vini nan gerizon Jezi a?
5. Eske larpiyè te enpòtan pou Jezi? Jistifye repons ou.
6. Ki leson n'aprann sou gerizon nonm lèp la?
7. Ki leson n'aprann sou gerizon paralize a?
8. Ki leson n'aprann sou gerizon pitit tayè a?
9. Ki leson n'aprann sou gerizon nonm ki rete ansanm bò basen Betesda a?

Pou Etid Siplemante

1. Eske Bondye geri aktyèlman? Esplike repons ou.
2. Konpare gerizon Jezi yo avèk travay aktyèl «Moun ki fè gerizon pa lafwa yo.

Chapit 19

LI ANSEYE TAN KOU MOUN KI GEN OTORITE

Li Matye chapit 5-7

Keksyon Pou Preparasyon

1. Ki kalite moun ki te fè Bondye plezi?
2. Kòman Jezi te entèprete lalwa Ansyen Testaman?
3. Ki jan lèzòm ta dwe adore Bondye?
4. Jouk ki kote pratik vrè relijyon an rive?

Entwodiksyon

Anvan tout bagay, nou ka di, Jezi pat yon fezè mirak. Tout moun te konnen li tankou yon Rabi o Mèt. Moun ki te ekri levanjil yo pale anpil sou sa l' te montre; men gen anpil evennman yo pat janm anrejistre. Menm tèks nou genyen yo, se pa anyen plis toujou, pase rezime ansèyman l' yo, pase sa l' di konplèt. Se nòmal, se Bondye ki te enspire rezime yo. San dout gen anpil nan yo ki te bay referans egzat sou pawòl Jezi yo. Men yo pat di nou tout sa li te di. Se sitèlman vrè, menm mesaj pi long Jezi a te anrejistre nan levanjil yo, se mesaj sou mòn nan.

1. Benediksyon Yo

Lè Jezi te chita sou mòn nan li tanmen montre, li pale an premye sou benediksyon o lajwa. Li te ban nou yon tablo sou yon nonm ki gen lajwa tout bon. Ouit deklarasyon yo nou jwenn nan Matye 5:1-12, la yo pa bay yon deskripsyon ouit diferan kalite moun diferan, sinon se yon lis karaktè moun ki gen lajwa tout bon an.

Se petèt pawòl Jezi yo te sanble yon eskandal pou foul yo paske li te prezante yon lide sou lajwa ki kont lide yon gran pati nan moun ki t'ap viv jou sa yo. Si l' ta mande pifò nan moun sa yo pou yo mansyone kisa yo mande pou yo gen lajwa, yo ta di sante, komodite, sekirite, ak endepandans finansyè. Men Jezi te di moun ki gen kè kontan an se moun ki konnen l' se yon pòv devan Bondye, moun ki nan lapenn, moun ki grangou e swaf pou lajistis, moun k'ap soufri, moun ki dou, moun y'ap pèsekite poutèt Jezi.

Tout moun sa yo gen kè kontan akòz benediksyon yo resevwa. Moun ki konnen se pòv yo ye devan Bondye yo pat gen lajwa poutèt povrete yo, men paske peyi wa ki nan syèl la se pou yo. Moun ki nan lapenn yo pat gen lajwa nan kè yo poutèt y'ap kriye, men pou asirans yo jwenn nan konsolasyon divin nan. Moun ki gen lajwa nan kè l' tout bon se moun ki jwenn sous benediksyon nan Bondye.

Karaktè ki montre lè yon nonm gen lajwa nan kè l', la gen yon inyon etwat avèk yon serie deklarasyon sou relasyon nonm nan avèk pwochen l'. Nan yon fason trè etranj, yon nonm ki gen lajwa nan kè l' pa kapab pretann l'ap viv nan lapè avèk tout moun. Li dwe konnen l'ap jwenn pèsekisyon tou. Lemonn ki refize renmen Bondye a, pap janm renmen moun ki renmen Bondye yo. Menm lè yo pèsekite l', nonm ki gen lajwa nan kè l' la ap gen fòs pou prezève lajistis ak bonte nan monn sa a. Li se sèl latè e limyè nan monn nan.

2. Lalwa

Yo kapab byen konsidere l' tankou yon revolisyonè ki ta prezante nan kad yon moun ki ere. Jwif yo te kwè se moun ki te obeyi tout lalwa nèt ki jis e ki ere. Eske Jezi ap mete lalwa sou kote kounye a e l'ap mennen lèzòm nan yon lavi pi fasil e pi ere? Yo te kapab poze lenmi Jezi yo keksyon an, tankou foul ki t'ap koute l' la.

Jezi te mete tout bagay klè, pou l' di yo, se pa sa li te vle, «Pa mete nan tèt nou mwen vin pou mwen aboli lalwa Moyiz la ak pwofèt yo te montre nou. Mwen pa vin pou aboli yo, mwen vin montre sa yo vle di» (Matye 5:17). Jezi pat mete lalwa Ansyen Testaman an sou kote; li te pote fason pou yo konpli lalwa nan Ansyen Testaman an konplèt.

Nan tan Jezi a, sa te tris pou wè ki jan lèzòm t'ap maltrete lalwa Bondye. Malgre Jwif yo te konfese yo te soumèt yo konplètman anba lalwa Bondye a, yo te pèvèti li, e yo te mete anpil òdonans lòm te fè ki te bouche vrè siyifikasyon li te genyen an sou li.

Jezi te pwopoze rachte mal sa a. Epi li te prezante yon seri afimasyon sou lalwa Bondye a. Li di «Nou tande ki jan nan tan lontan yo te di zansèt nou yo» (Matye 5:21,33). Li retire entèpretasyon erè sou lalwa Bondye a ak adisyon imèn yo te fè yo. Tout ka yo entèpretasyon yo o adisyone yo te gen efè pou fè lalwa vin mwens estrimk. Jezi te efase tout pèvèsite sa yo, e li te retabli vrè sans lalwa a.

Jezi te ensiste patikilyèman sou lajè lalwa a. Jwif yo te redwi siyifikasyon kòmandman yo. Pa egzanp, nan sizyèm kòmandman an, yo te di se asasinen sèlman yo defann. Jezi te lèse sa byen klè lè l' te di, menm malis ak kòlè te antre nan sa tou. Paske touye moun nan se yon santiman kòlè ak rayisab, sa kòmandman an pa pèmèt la, se Bondye ki te bay li, e li defann tout emosyon sa yo ki ka pwovoke pou touye moun. Kòmandman an pa sèlman egzamine reyaksyon n' yo; men tou, li gen anpil pou wè avèk panse nou; emosyon nou ak desizyon nou.

Si nou dwe obsève lalwa jan li ye a, nou dwe gen yon motif ki jis. Aprè Jezi fin esplike lalwa, li te pale sou motif sa a. Li di nou: «Nou fèt pou nou bon nèt, menm jan Bondye Papa nou ki nan syèl la bon nèt» (Matye 5:48). Si nou renmen Bondye nou dwe gen anvi pou n' vin tankou l'. Ann fè efò pou n' imite Bondye.

Aprè Jezi te fin korije pèvèsite jwif yo sou lalwa Bondye a, li te montre yo tou sa ki mal yo te mete nan sèvis Bondye a. Pi gran erè jwif yo te komèt la se te ipokrizi nan kè yo. Sa se yon bagay ki te pratikman konni pami farizyen yo. Yo te pran anpil swen pou moun obsève tout seremoni yo ak regleman yo, epi yo sanble yo te gen bon kè. Men yo te gen plis entèrès pou moun yo te wè kòman yo te adore, pase pou Bondye ta asepte adorasyon yo a. Yo t'ap adore sou po, men se pat ak tout kè yo.

Jezi mete sa trè klè, se yon adorasyon sensè Bondye mande. Jan nou aji sou kò nou an dwe bay enprensyon santiman ki nan fon kè nou. Nou pa dwe bay ofrann pou fè moun konnen sa nou bay. Nou pa dwe lapriyè pou fè moun wè o tande nou. Nou pa dwe fè jèn nan tèlman fason pou rele moun atansyon sou jenn nou an. Adorasyon nou an dwe pou bay Bondye lwanj; li pa dwe fè pou moun fèt lwanj pou nou.

3. Lapriyè Senyè A

Pandan Jezi t'ap ansenyen foul la sou lapriyè, li te ba yo Lapriyè Senyè a. Lapriyè sa a li byen konni pou tout moun ki gen konesans kretyèn; men gen anpil moun ki pa konpran ki jan yo dwe sèvi avè l'. San nou pa chache esplike lapriyè sa a nou gen kèk nòt sou aplikasyon l' yo.

1: Se yon fòm ki dekwa pou devosyon an. Sovè a pretann pèp li a pral sèvi avè l' tankou yon mwayen pou montre dezi ki genyen nan yon kè imilye. Li di: «Lè n'ap lapriyè, men sa pou nou di...» (Lik 11:2)

2: Se yon rezime kout ki di nou pou kisa nou dwe lapriyè. Chak demann lejitim kapab antre nan yonn nan demann lapriyè Seyè a. Pa egzanp, tout lapriyè nou yo, paske se Bondye satisfè bezwen materyèl nou, yo kapab konsidere tankou ogmantasyon demann: «Pen nou chak jou a ban nou li jodia» (Matye 6:11).

3: Se yon modèl pou lapriyè nou. Lè nou lapriyè «Papa nou», sa fè sonje nou dwe lapriyè pou tout pitit Bondye yo, e se pa sèlman pou nou. Lapriyè brèf sa fè nou sonje ke Bondye pa tande nou paske nou priye avèk anpil pawòl. Twa premyè demann yo bay referans dirèk sou Bondye ak zèv li, nou aprann ke nou dwe lapriyè pou zafè Bondye yo anvan nou lapriyè pou bezwen pèsonèl nou. Lapriyè a dwe toujou santre nan Bondye. Twa dènyè demann yo montre nou ke nou dwe prezante Bondye tou sa bezwen nanm ak kò nou nan lapriyè. Lè nou di lapriyè a santre nan Bondye a, sa pa vle di, lè nou lapriyè, nou dwe iyore pwòblèm pèsonèl nou. Tou sa ki pou laglwa Bondye, se pou byen nou yo ye tou.

4. Lavi Kretyèn Nan

Jezi pat limite enstriksyon l' yo nan aktivite yo nou adore Bondye. Li te montre pèp la tou sou ki klas vi li vle pou nou ta viv. Leson l' yo sou lavi kretyèn nan, yo kapab antre nan pwen sa yo:

1: Relasyon yon moun avèk Bondye se yon bagay pèsonèl. Se poutèt sa nou chak nou dwe sèten ke nou antre nan pòt etwat la ki mennen nan lavi ki pap janm fini an. Epi tou nou chak nou dwe enterese pou pwòp bezwen espirityèl nou yo. Nou dwe enterese pi plis pou amelyore pwòp lavi pa nou pase pou nou ap jije lavi lòt moun. Mete atansyon nou sou sa Jezi te di yo: «Ipokrit! wete gwo bout bwa ki nan je ou la anvan. Apre sa, wa wè klè pou ka wete pay ki nan je frè ou la» (Matye 7:5).

2: Lavi kretyèn nan dwe karakterize l' ak konfyans konplèt nan Bondye. Nou pa dwe chache rive jwenn sekirite a nan akimile yon fòtin ak byen materyèl. Se Bondye k'ap pran swen nou. Nou dwe mete konfyans nou nan li pi byen pase byen materyèl yo nou genyen sou latè. Si n' mete konfyans nou nan Bondye, na priye, e Jezi pwomèt nou si n' lapriye, na resevwa. Nou dwe depoze tout konfyans nou nan Bondye, donk li se Papa nou ki nan Syèl la.

3: Prèv efèktif lavi kretyèn nan se obeyi kòmandman Kris bay yo. Bondye pa bay apwouvasyon l' paske sèlman nou tande sa Kris di nou, men paske nou kwè e obeyi li. Se lè nou montre imaj Kris la nan lavi nou sèlman, nou kapab gen asirans se moun pa li nou ye.

5. Otorite Jezi

Lè Jesi te chase yon move lespri nan yon nonm nan Kapenawòm, pèp lavil la te mande «Sa sa ye la a menm! Sa se yon lòt bagay l'ap montre nou la a! Menm move lespri yo, li pase yo lòd ak otorite, yo obeyi l'» (Mak 1:27). Repons ansèyman l' nan, anpil fwa, se sa menm li bay anvan li fè mirak yo. «Lè Jezi fin di pawòl sa yo, foul moun yo te sezi tande sa l' t'ap montre yo. Se pat menm jan ak dirètè lalwa yo, paske li te pale ak yo tankou yon moun ki gen otorite» (Matye 7:28,29).

Keksyon Sou Etid La

1. Fè yon deskripsyon nan pwòp pawòl ou sou yon moun ki gen lajwa. (Ki jwenn benedilsyon).
2. Poukisa nonm yo fè yon deskripsyon sou li nan benediksyon yo, gen lajwa nan kè l'?
3. Ki diferans ki gen, nan fòm, ant premyè sèt benediksyon yo nan Matye 5:3-9 ak wityèm nan Matye 5:10-12?
4. Ki relasyon Kris genyen avèk Ansyen Testaman an?
5. Kisa Kris te mete klè sou lalwa?
6. Fè konparezon ansèyman Jezi a sou touye moun nan avèk ansèyman jwif yo.

7. Kisa Matye 5:33-37 montre sou sèman yo?

8. Fè konparezon ansèyman Jezi a sou jan yo dwe trete lenmi yo avèk ansèyman jwif yo?

9. Poukisa nou dwe renmen pwochen nou?

10. Kilès fòt prensipal Jezi te pale kont li nan ansèyman sou lacharite a, lapryè ak jèn nan?

11. Ki kalite sèvis Bondye vle?

12. Kòman yo dwe itilize lapriyè Seyè a? (Fè konparezon li avèk sa Catechis Heidelberg la di nan keksyon (K) ak repons (R) 120).

13. Ekri sèt demann yo nan lapriyè Senyè a epi esplike kisa yo mande nan chak.

14. Ki leson anfavè lavi kretyèn nan Kris montre nan dènye pati nan Mesaj li bay sou Mòn nan?

15. Poukisa li enpòtan pou nou fè trezò nan syèl la?

16. Ki egzanp Jezi sèvi pou montre nou dwe gen konfyans nan Bondye?

17. Fè rezime sou règ Kris yo pou moun ki fè jijman an yo?

18. Poukisa nou kapab gen asirans Bondye tande e l' reponn lapriyè nou?

19. Ki mwayen ki genyen pou konnen sak nan kè lòm?

20. Ki diferans ki genyen ant de moun ki konstri yo nan mesaj sou mòn nan?

Pou Etid Siplemante

1. Nan ki fason kretyen yo se sèl yo ye?

2. Nan ki fason kretyen yo se limyè monn nan yo ye?

3. Eske yo kapab pran enstriksyon yo bay nan Matye 5:29-30 literalman? Esplike repons ou.

4. Yo dwe pran ansèyman enstriksyon nan Matye 5:39-42? Esplike repons ou.

5. Fè yon konparezon sou Matye 5:16 avèk Matye 6:1-6. Eske yo gen sans kontrè?

CHAPIT 20

PWOKLAME LIBETE POU MOUN KI NAN LESKLAVAJ YO

Li Lik 7:1-17, Mak 4:35-5:43

Keksyon Pou Preparasyon

1. Ki jan Jezi te montre otorite li lè l' fè mirak yo?
2. Ki pouvwa Jezi te montre nan chak mirak li fè yo?

Entwodiksyon

Chak levanjil sinoptik yo gen yon seksyon ki anrejistre yon seri gwo travay Jezi te reyalize. Lè yo ekri sou travay sa yo, ekriven levanjil yo te mete plis fòs sou otorite Jezikri. Avèk sa, yo demontre ke Jezi pat yon senp rabi popilè, ni nonplis tou yon nonm k'ap fè mèvèy sèlman. Avèk gran pouvwa li, nan fason jan li sèvi ak pouvwa l' la ak leson li te montre yo li sèvi ak pouvwa l', li demontre se te yon nonm ki pale e ki te aji avèk otorite Bondye.

1. Nan Galile

Aprè Jezi te fin bay Mesaj sou Mòn nan li tounen Kapènawòm. Pandan l' te la, kèk jwif te vin kote li, yo te mande pou l' al ede yon kapitèn lamè women ki gen yon domestik li ki te malad. Kapitèn sa a te renmen relijyon jwif la anpil e l' te kopere ekonomikman pou bati sinangòg Kapènawòm nan. Men se yon moun lòt nasyon li te santi li pa diy pou pwoche pre Jezi. Se pou sa kèk jwif te vin prezante pou li.

Jezi te akòde demann nan, e l' te soti avèk mesajè yo pou l'al lakay kapitèn nan. Kapitèn nan soti vin rankontre Jezi nan wout. Lè l' te jwenn avèk Jezi, li te di Jezi li pa bezwen ale pi lwen. Li pa nesesè pou l' ta touche domestik li a. Li kapab «di pawòl la» sèlman. Kapitèn nan te konnen sa yo rele otorite, li te sèlman bay solda lòd, e yo te obeyi. Li kwè Jezi genyen menm otorite sa a tou sou pisans maladi yo ak lanmò. Kapitèn nan te kwè Jezi sèlman bezwen pale pou sèvant la ta geri.

Lafwa nonm sa a te fè Jezi sezi. Li te montre e l' te fè gerizon pami jwif yo, men sak enteresan an okenn moun nan Pèp Bondye chwazi pat montre yon lafwa ki sanble avèk lafwa Kapitèn sa a. Kwak se te yon etap ki kòmanse bonè nan travay Jezi a, li te klè ke Bondye te genyen pwòp pèp otan nan moun lòt nasyon yo tankou nan pèp jwif la.

Yon lòt lè apre sak te pase ak kapitèn nan, Jezi t'ale nan yon tibouk yo rele Nayen, ki gen kòm vennsenk kilomèt nan sidlwès ak Kapènawòm. Anvan yo rive nan vil la, Jezi ansanm ak gwoup disip yo te jwenn ak yon foul moun ki t'ap kriye. Yon sèl pitit vèv la te genyen an mouri, zanmi li yo ak paran l' yo te pote l' al antere.

Li sanble Jezi pat gen chans pou l' pale avèk manman ki te nan tristès la o avèk foul moun yo ki t'ap swiv kò a. Li sanble Jezi te konnen, akòz nati divin li, mò sa a se te yon sèl pitit vèv manman sa a te genyen. Sikonstans sa yo bay plis pèn pou lanmò jennonm nan. Danm pòv sa a te pèdi yon sèl moun li te renmen an epi li te rete pou kont li nan monn nan. Li pat sèlman dekouraje; men, se posib jennonm ki te mouri a se li menm sèl ki t'ap soutni l'. Alò li te gen rezon pou l' te gen doulè.

Soufrans fanm nan te bay Jezi lapenn. Li di fanm nan pa kriye ankò. Apre sa li pwoche, li manyen sèkèy la. Moun yo t'ap pote mò a al antere a, li pale avèk mò a. Tout moun te sezi, lè yo wè mò a leve chita, li kòmanse pale! Lè pèp la wè sa, yo vin konprann se yon gran pèsonaj ki te nan mitan yo a. Yo t'ap fè lwanj pou Bondye. Yo t'ap di «Yon gwo pwofèt parèt nan mitan nou! Yo t'ap di tou: Bondye vin sove pèp li a» (Lik 7:16).

2. Lòt Bò Lanmè A

Lè gwovan an te kanpe a, sa dwe te bay disip yo yon gwo sezisman. Pami moun ki t'ap dirije bato a te gen anpil pechè pwason landan l'. Yo tout te panse yo te deja delivre nan lagounn sa a. Men gwo van sa a te twòp pou eksperyans yo. Yo te kwè yo te rive nan dènye pwen pou yo peri.

Yo te pè, epi yo rele Jezi. Yo te sezi pou wè li te kapab dòmi anba tout gwo van sa a. Se yon bèl esperyans en! Tout efò yo te fè yo pat kapab reyalize anyen; tout sa yo te eseye fè se nan plis pwoblèm yo t'ap mete tèt yo. Lè yo leve Jezi a, yo te vle montre l' ki danje ki amennase lavi yo. Petèt yo te panse Jezi te kapab ede yo; men yo pat gen lafwa. Yo te mete konfyans nan esperyan sa yo te konnen pito; enben, lè yo wè yo pat kapab ankò yo te sote epi yo kouri y'al rele Jezi pou ede yo.

Pouvwa Jezi sou gwo van an te fè sezisman pran nèg yo. Li te pale van an ak lanm lanmè a yo te desann. Disip yo, «te pè anpil anpil, yonn t'ap di lòt konsa: Ki moun li ye menm, pou jouk van ak dlo lanmè a obeyi li?» (Mak 4:41). Kwak yo te sèvi temwen otorite l' sou maladi, move lespri yo ak lanmò, men pouvwa sou lanati a te sanble l' pi gran pase tou lèzòt yo.

3. Rejiman

Aprè yo rive lòt bò lanmè Galile a, nan peyi Jerazeyen yo, Jezi te jwenn ak yon nonm ki te genyen move lespri sou li. Li te tèlman rèd menm nan chenn yo pat ka mare l'. Kwak li te yon nonm ki te gen anpil fòz, lespri li te fatige anpil. Li pat genyen lapè, ni li pat kapab repoze l'. Tout tan, lajounen kòm lannwit, li t'ap pwomennen nan mitan tonm yo, osinon li t'ap rele san rete. Move lespri ki te sou li a t'ap maltrete l', pou fè l' blese kò l' avèk wòch file.

Lè nonm sa a wè Jezi li kouri, li vin mete ajenou devan Jezi ak disip yo pandan yo t'ap mennen kannòt la atè. Li posib yo te tante atake yo pou l' chase yo la. Men lè li te avanse, move lespri a ki te sou li a rekonèt Pitit Bondye a. Imedyatman nonm nan te mete ajenou devan Jezi.

Move lespri yo te rekonèt yo te devan Yon moun ki genyen otorite sou yo. Li te sèlman pale, yo dwe obeyi li. Poutèt sa, yo te mande Jezi pou l' kite yo rete nan nonm nan. Lè li pat akòde yo demann sa a, yo te mande l' pou yo rete nan menm tè sa a, epi yo mande ankò pou y'al rete nan bann kochon yo ki t'ap chache manje toupre a. Lamenm, tout bann kochon yo pran degrengole desann nan falèz al neye tèt yo nan lanmè.

Lè gadè kochon an tande sa li pran kouri pou l'al wè sak pase. Lè yo rive bò kote Jezi te ye a, yo jwenn nonm ki te gen rejiman move lespri sou li, yo te pè depi byen long tan an, kounye a li chita trankil byen abiye ak tout bon sans li, ap pale ak Jezi. Men vrèman, se pat gerizon move lespri a ki te sou li a ki te rele moun sa yo atansyon. Se te pèd kochon yo. Enben, poutèt sa tou, yo te mande Jezi. Tanpri souple kite peyi a anvan kèk lòt pwoblèm ta vin tonbe sou yo. Se te byennèt materyèl yo yo t'ap chache sèlman, epoutan nan yon lòt kote, yo te fèmen pòt benediksyon espirityèl yo te kapab resevwa a.

4. Tounen Galile A

Antan Jezi tounen an Galile konsa, te gen yon foul moun ki te bezwen l'. Jayiris, yonn nan chèf sinagòg yo, vin priye Jezi pou mande l' pou l' geri yon tipitit fi li ki malad.

Jayiris ak kapitèn women an te bay de gran enpresyon diferan. Kapitèn nan, yon moun ki fèt nan lòt peyi, te montre pisans lafwa l' menm Sovè a te rive admire l'. Jayiris, yon jwif moun te respekte anpil, li te genyen sèlman yon kòmansman senp sou prensip lafwa yo. Li te panse Jezi te dwe manyen pitit li a pou l' geri li. Men Jezi te fè l' lonè malgre lafwa sa a li genyen an te piti epi li t'ale avèk li.

Nan chemen pou al lakay Jayiris la, te genyen yon bagay ki te prezante yon lòt egzanp lafwa ankò. Te genyen yon fanm malad nan foul moun nan ki te pase denyè lane nan lavi yo ak anpil tristès. Li malad pandan douz lane, li t'ap mache kay doktè an doktè. Li te gaspye tout lajan l' te gen epi kwak sa li pat janm jwenn okenn soulajman. Se petèt li te yon fanm rich ki te gen gran pozisyon nan sosyete a. Men, kounye a li te vin tounen anyen, yon vye pòv malerèz epi ki pa gen sante k'ap tounen dèyè chak jou. Li pat kapab pwoche bò kote Jezi paske maladi a te fè l' vin pa sou monn, selon lalwa Moyiz la.

Fanm nan te tèlman pèdi espwa nan sitiyasyon li te ye pou l' rekipere lasante l', sa fè l' rive manyen ke rad Jezi, tou sa montre ki jan lafwa travay. Jezi te nan mitan foul la. Yo t'ap pouse l' amezi foul la t'ap avanse byen lant nan chemen an. Pami tout moun sa yo ki te antoure Jezi a, gen yon moun ki te manyen l' pa lafwa, e l' te geri moun sa a.

Keksyon Jezi a «Ki moun ki manyen rad mwen an, en?» (Matye 5:30). Se pa yon manifestasyon inyorans. Jezi te mande sa paske li te vle bay fanm nan yon chans pou l' konfese lafwa l' e pou l' ka bay temwayaj sou gerizon li. Lè li mete l' devan e li te rekonèt ouvètman sak te pase l' la, epi repons Jezi a siyale lafwa tankou sak kòz gerizon l' nan: «Mafi, se konfyans nan Bondye ki geri ou. Ou mèt ale ak kè poze, tande ou geri nèt» (Mak 5:33).

Nou kapab panse ki jan Jayiris te enpasyante, poutèt entèwonp sa a. Chak ti tan te vin pi enpòtan pou li, paske pitit li a te prèske mouri. Epi lè mesajè yo te vin soti lakay li avèk nouvèl la pou yo te fè l' konnen ke pitit li a te deja mouri, lafwa Jayiris te vin dekontwole nèt ale. Men Jezi te ba l' fòs pou l' te ka kwè, anvan yo kontinye nan chemen an.

Nan kay Jayiris la, Jezi te wè yon bann moun ki t'ap fè gwo eskandal, genyen ki t'ap kriye, lòt menm t'ap plede rele, lòt menm t'ap fè mizik finèb epi ak gwo kri doulè te gaye tout kote nan zòn nan. Jezi te gen konfyans pitit la t'ap leve vivan, li di yo konsa: men poukisa tout bri sa a? Ti fi a pa mouri. Menm lè sa a yo tonbe pase l' nan rizib. Li te mete tout moun deyò nan chanm nan, li pran papa ak manman pitit la ak kèk disip yo. Jezi pran men li, li di l': «Talita koum, ki vle di, Ti fi, mwen di ou leve» (Mak 5:41). Menm lè a ti fi a leve, li pran mache. Jezi di ba li kichòy pou l' manje e li pase yo lòd sevè pou yo pa kite pèsonn konn sa. Tikras lafwa Jayiris la te dwe kontanple lagras Bondye ak pouvwa li. Apre sa va rive yon lè, se Jayiris ki va di lòt moun sa Bondye fè pou li.

Keksyon Sou Etid La

1. Fè yon Konparezon ant lafwa Kapitèn nan avèk lafwa Jayiris la ak lafwa fanm malad la?
2. Kòman Kapitèn nan demontre gran lafwa li?
3. Poukisa Jezi te kapab leve pitit vèv la vivan nan lanmò?
4. Ki jan disip yo reyaji lè Jezi pat enkyete pou gwo van tanpèt la?
5. Fè yon deskripsyon sou rejiman an ak pwòp pawòl ou?
6. Poukisa Jezi te refize nonm ki te gen move lespri ki delivre a ale ak yo?
7. Kisa Jayiris mande Jezi pou l' te fè?

8. Poukisa Jezi te rekòmande Jayiris pou l' pat pale sou mirak ki fèt sou pitit li a?

Pou Etid Siplemante

1. Kòman disip yo demontre yo manke lafwa pandan gwo van tanpèt la?
2. Ak ki otorite Jezi te voye kochon al nwaye?
3. Kòman Jezi montre konsiderasyon l' anfavè Jayiris?

PATI 5

OPOZISYON KONT LEV KRIS LA

CHAPIT 21

KILES KI TE KWE NOUVEL NOU AN?

Li Lik 4:16-30; Matye 12:1:14

Keksyon Pou Preparasyon

1. Kisa ki kòz yo te leve opozisyon kont Jezi a?
2. Kilès moun ki leve kont li?
3. Kòman Jezi te aji kont opozisyon an?

Entwodiksyon

Tout otan Jezi t'ap manifeste otorite l' nan ansèyman l' ak mirak li yo, popilarite l' t'ap grandi angran jan; men se pat an jeneral. Lamenm tou, se konsa kontraryete ak opozisyon an vin leve kont Jezi. Yon pati nan kontraryete a se te kòz mal antannman, yon lòt pati, te aji nan sans enkredilite a, e yon twazyèm pati se te freyè ansèyman Jezi a te pwovoke a. Opozisyon an leve soti depi nan kòmansman travay Jezi a, li grandi jouk rive nan grandè li, lè foul la kriye a, «Kloure l', kloure l'» (Lik 23:21).

1. Nazarèt

Yon pati nan opozisyon an soti nan lavil kote Jezi te grandi a. Jezi te evite antre Nazarèt lè li te komanse ministè l piblikman. Men sepandan, apre yon tan li tounen nan espektak jenès li. Se te yon jou repo (samdi) li antre nan sinagòg la pou li adore. Nan tan Jezi, nenpòt moun konpetan nan kongregasyon an yon jou repo (samdi), yo te pèmèt li li Ekriti a, si li te vle tou, li te ka pale sou pasaj li li a. Li rive nan bon lè sèvis la, Jezi leve kanpe pou li li. Li kenbe woulo pwofèt Ezayi a, li te dewoule l' pasaj nan nou konnen jodia tankou Ezayi 61. Li te li, epi l' te kòmanse esplike se li menm ki vin konpli pwofesi sa a.

Deklarasyon an deranje moun yo. Paske yo konsidere sa kòm yon bagay estrawòdinè pou nenpòt nonm ta di se li ki vin konpli yon pwofesi biblik. Pasaj sa a pale sou yon nonm Bondye chwazi pou pote mesaj Bondye. Jezi t'ap di se li menm menm, non sèlman li te pwofèt, men li se gran pwofèt la, ki gen Lespri Bondye a.

Okòmansman moun nan peyi Jezi yo te kòmanse kwè nan entèpretasyon l' la. Yo sonje istwa yo te tande sou gran ansèyman l' yo ak pisans zèv li yo. Men touswit, enkredilite a antre nan yo. Yo sonje Jezi te pase lavi l' nan Nazarèt. Li pat gen anyen ki sanble li gen diferans ak yo. Yo kòmanse doute sou sa l' t'ap di a.

Jezi konnen sa yo t'ap panse nan kè yo. Yo te vle wè yon mirak. Yo te vle wè pou l' te miltipliye pen an o pou li ta geri kèk moun malad. Yo te wè jan l' t'ap grandi jouk li vin jenn, san yo pat wè prèv ki montre reelman li diferan ak yo. Yo te vle li ba yo prèv kounye a ki montre ke li diferan tout bon ak yo. Yo t'ap rele «Doktè geri tèt ou» (Lik 4:23). Nan yon lòt mo yo vle di, «Montre nou sa ou kapab fè, alò na kwè nan ou.

Jezi pat janm fè mirak sèlman pou enpresyone moun, pa menm pou moun nan pwòp lavil li a. Li rekonèt kongregasyon sa a te gen siy enkredilite nan li. Li konnen yo pat prepare pou resevwa temwayaj li menm l'ap bay sou li a. Se poutèt sa li fè yo konnen kèk egzanp nan Ansyen Testaman akòz enkredilite pèp Izryaèl yo te pwovoke Bondye voye gras li sou moun payen yo pi byen pase jwif yo.

Egzanp yo Jezi itlize nan Ansyen Testaman an, te genyen kèk leson jwif yo pat dispoze yo pou yo tande l'. Yo t'ap montre Bondye pat janm limite pèp jwif la; men li te revele moun lòt peyii yo tou. Sa te touche l' anpil. Jezi t'ap atake prejije pi fon yo te genyen kont moun lòt peyi yo. Yo te mete yo byen fache. Yo te pran li e yo te pote l' sou tèt yon falèz ki te gen toupre a pou jete l' anba. Men se pat plan sa a Bondye te gen pou Jezi. Poutèt sa li te sèvi ak pouvwa divin li, Jezi te fofile kò l' nan mitan foul danjere sa a jouk li jwenn yon kote ki gen sekirite.

2. Jaden Ble A

Istwa Jezi t'ap pase nan jaden ble yo se yon egzanp opozisyon farizyen yo. Pandan Jezi t'ap pase ak disip li yo nan chan ble a, yo t'ap keyi kèk grap ble, yo t'ap manje. Farizyen yo te akize disip yo ke yo te viyole kòmandman jou repo a, poutèt yo t'ap keyi ble yo.

Akòz akizasyon sa a kont disip yo reyèlman se sou Mèt la yo te fè la, Jezi te reponn farizyen yo. Li te ba yo de egzanp nan Ansyen Testaman an kote règ divin yo te etabli pou sèvis la yo te vyole yo. Li di yo yon lè, David te grangou, li te kraze kòmandman lalwa ki te ekri a se sèlman prèt yo ki gen dwa manje pen yo mete apa a. Jezi di yo David te fè byen. Jezi di yo tou travay prèt la te travay plis pase nenpòt lòt jou nan senmenn nan. E sa a tou te korèk pou yo te fè l' konsa.

Jezi te itilize de ilistraksyon sa yo pou te ka fè farizyen yo wè erè yo. Yo te pèmèt David ak prèt yo fè sa konsa paske yo te konsidere l' nesesè. Travay yo konsidere ki pa jis jou repo a, yo te pèmèt yo fè l' lè li nesesè. Sa fè jan yo obsève jou repo bò kote Jezi te vin trè diferan selon jan farizyen yo konsidere l' la. Farizyen yo te genyen règ pou chak detay nan lavi a. Yo te dwe obsève règ sa yo estrikman, yo te rann yon moun koupab lè l' kraze lalwa. Jezi te bay règ ki laj yo. Li kwè chak moun ta aplike règ sa yo nan pwòp lavi li epi chak moun ta fè pwòp desizyon l' pou sa Bondye mande l' pou l' fè. Lè fini Jezi fè yo konnen klè ke pafwa kòmandman yo dwe kraze akòz sikonstans ekstrawòdinè ki vin parèt yo.

3. Nonm ak Men Pòk La

Yon lòt chòk ankò avèk farizyen sou sijè nan obsève jou repo a te leve nan sinagòg la. Jezi te geri yon nonm ki te genyen yon men li pòk, epi farizyen yo te mande, eske lalwa pèmèt yo geri moun jou repo. Jezi te reponn keksyon an avèk yon ilistraksyon. Li te di yo si yon moun genyen yon mouton ki tonbe nan yon pi yon jou repo, li pap tann demen pou wete l'. Se touswit li t'ap kòmanse fè mouvman pou rekipere bèt li, e pa gen yon moun k'ap kapab repwoche li. Jezi di ankò: Yon moun vo plis pase yon mouton, poutan, li pi bon pou bay moun ki nan bezwen èd, menm lè se yon jou repo li ye.

4. Rayisab Farizyen Yo

Farizyen yo te rayi Jezi paske li pat dakò ak lide legalis yo te genyen sou jou repo a; yo te dezapresye l' paske li te fè yo parèt tankou moun ridikil devan foul moun yo, paske yo pat kapab reponn rezonnman li yo. Pakonsekans, apre Jezi fin pale avè yo, «yo te soti e yo mete tèt yo ansanm pou wè ki jan pou yo fè touye l'» (Matye 12:14). Mak di plis sou sa, poukisa ki fè yo t'al pran konsèy nan men moun Ewòd yo. Farizyen nasyonalis yo te meprize gouvènman women yo. Patizan Ewòd yo, jan yo rele l' la, yo te apiye Ewòd ak gouvènman women an. De pati sa yo pratikman pat dakò nan anyen. Yonn te rayi lòt, men yo te rive ini yo pou lite kont Jezi.

Keksyon Sou Etid La

1. Kilès moun ki te kont Kris?
2. Ki rezon yo te genyen pou opoze Kris la?
3. Poukisa moun Nazarèt yo te doute Jezi se te Kris la?
4. Kisa yo te gen entansyon fè l'?
5. Avèk ki pati farizyen yo te ini yo nan entansyon pou touye Jezi?
6. Nan kisa yo akize disip Jezi yo yon jou repo lè yo te keyi kèk zepi?

Pou Etid Siplemante

1. Ezayi 58 ak Matye 12:1-8 pran yo ansanm prezante yon lide biblik jou repo a. Esplike lide sa a nan pwòp langaj ou.
2. Eske ou panse disip yo t'ap vòlè lè yo te keyi zepi ble yo nan jou repo a? Levitik 19:9-10 kapab ede ou fè desizyon ou.

CHAPIT 22

FRE LI YO PA KWE

Li Matye 11:2-19; Mak 3:20-21; 31-35; Jan 7:19

Keksyon Pou Preparasyon

1. Kisa Jan te vle konnen sou Jezi
2. Kisa Jezi te panse sou Jan?
3. Kilès moun ki fanmi Jezi a?
4. Poukisa Jezi te refize ale Jerizalèm avèk frè li yo?

Entwodiksyon

Nan tout opozisyon Jezi te dwe andire yo, sak te ba l' plis penn nan se sa li te jwenn nan pwòp fanmi l' la ak zanmi entim li yo. Sa dwe te fè Jezi soufri anpil lè l' konnen yo pat gen yon senpati konplèt pou travay li t'ap fè a. Nan chapit sa a nou pral etidye anpil egzamp sou opozisyon fanmi Jezi an fas ministè li.

1. Jan Batis

Jan te deja gen kèk tan nan prizon. Diran epòk sa a, Jezi t'ap mache preche e geri moun, sa fè li te vin gen anpil popilarite. Alò Jan te voye kèk nan patizan l' yo al mande Jezi: «Eske se ou menm nou konnen ki genyen pou vini an, osinon, èske nou dwe tann yon lòt?» (Matye 11:3) Keksyon an vle di: Eske se ou ki Kris la, o Kris la gen pou l' vini?

Jan petèt te fè keksyon an paske li te kòmanse pèdi lafwa li te genyen ke se Jezi ki te Kris la. Jezi kontinye lèv li nan yon fason diferan ak sa Jan t'ap tann nan. Jan te anonse Kris la ap vin mete rach la nan rasin pye bwa yo, men Jezi t'ap fè zèv bonte ak renmen. Se nan sikonstans sa a, Jan petèt te ka gen kèk dout ki fè l' konfonn li.

Jezi pat reponn keksyon an dirèkteman. Osinon, li te di mesajè yo pou yo rakonte Jan travay li t'ap fè. Li te fè deskripsyon travay li nan yon langaj ki ka byen fè Jan sonje pasaj Ezayi 35:5-6 la, ak mesaj Esayi 61:1-3 a. Sa yo se pasaj mesyanik yo ye. Yo te di Kris la va reyalize zèv mezerikòd. Nan fason sa a Jezi te di Jan se li ki Kris la. Li t'ap fè travay Ansyen Testaman an te di Mesi a te gen pou l' fè yo. Jezi t'ap fè avètisman jijman an ansanm avèk zèv mizerikòd li yo tou. Li te di disip Jan yo pote mesaj sa a bay mèt nou, fè l' sonje: se yon «benediksyon pou moun ki pa jwenn nan mwen okazyon pou tonbe nan peche» (Matye 11:6).

Entèvyou li te fè ak disip Jan yo te fèt nan prezans anpil lòt moun, paske Jezi te toujou gen anpil moun antoure l'. Lè disip Jan yo t'ale, Jezi kòmanse pale ak foul la sou Jan. Li te repwoche Jan, men li pat vle pou moun yo ta konprann li t'ap refize li. Li fè pèp la sonje ki kalite moun Jan ye. Yo pat rasanble nan dezè a pou koute li san rezon. Jan te yon pwofèt Bondye. Tou dabò, li te plis pase yon pwofèt. Li te moun Bondye te voye anvan l' la pou montre lèzòm Mesi a ki pral vini an.

Jezi te fè pèp la konnen grandè Jan. Men tou, li te di yo ke yo te resevwa yon favè ki pi gran pase Jan. Paske Jan te vini pou anonse gouvènman Kris la prèt pou rive; poutan yo te pèmèt yo pran pa nan wayonm nan. Tankou moun ki vini anvan Kris, Jan se te Eli sa a Malachi te pwofetize sou li a. E si yo pat kwè nan sa Jan t'ap di a, enben yo pa ta resevwa benediksyon gouvènman l' nan.

Gen anpil moun ki pat asepte ni Jan ni Jezi. Jezi te di: «Jan Batis vini, li pa manje, li pa bwè, yo di li gen move lespri sou li. Mwen menm, Moun Bondye voye nan lachè a, mwen vini, mwen manje, mwen bwè, yo di: «Gade yon nonm! Se manje ak bwè sèlman li konnen! Se zanmi pèseptè kontribisyon ak moun k'ap fè sa ki mal li ye!...» (Matye 11:18-19). Kè yo vin di, yo pa vle resevwa mesaj Bondye a e yo pa vle asepte li, kit sa Jan o Jezi pote a.

2. Manman Jezi ak Frè Li Yo

Se yon bagay ki sanble l' etranj pou opozisyon kont Jezi a te soti menm nan pwòp fanmi li. Sètènman, nou pa ta kwè Mari, manman li, ta pran pa nan yon tèl opozisyon, paske yo prezante li tankou yon fanm ki gen lafwa. Malgre sa, nou gen yon egzanp sou opozisyon fanmilye, e Mari li menm pran pa ladan l' tou.

Opozisyon ki leve nan fanmi an se yon kontradiksyon pou sa Jezi t'ap fè, men yon gran dezi pou yo ede li. Sepandan, li opoze ak pwogram Jezi t'ap mennen an, e sa dwe kòz anpil doulè pou Sovè nou an.

Nou pa asire nan ki kote evennman sa a te pase. Ou kapab li nan (Mak 3:20), «Li te vini nan yon kay,» osinon «Jezi tounen lakay li». Asireman li kèk kote tou pre lakay manman l'. Petèt, Mari, te gen lòt pitit ki t'ap viv avèk li. Yo te wè Jezi konstannman toujou gen yon gran foul moun antoure l', epi poutèt l'ap montre pèp la, li konn rete san manje. Fanmi li te pè pou lasante l'; sa fè yo panse li te pèdi kontwòl. Yo te vini pou delivre ak foul moun yo ki te antoure l' la.

Lè yo te chache rive pre Jezi, yo pat kapab akòz foul la. Se poutèt sa yo te oblije voye yon mesaj ba li pa menm foul la ki antoure l' la, pou fè l' konnen yo bezwen pale avè l' . Yo pat vle tann li fini montre; osinon yo entèwonp li nan mitan travay la.

Lè avi a rive jwenn Jezi, li te fè yon pòz pou analize sitiyasyon an. E Li mande: «Kilès ki manman m', kilès ki frè mwen?» Li pwomennen je l' sou moun ki te chita sou kote l' yo, li di konsa, «Gade, men manman m', men frè m' yo. Paske, tout moun ki fè sa Bondye mande yo fè, se moun sa yo ki frè m', sè m', ki manman mwen» (Mak 3:33-35).

Repons Jezi a te gen yon repwòch. Li pat refize linyon fanmilye l' yo, ni li pat elwaye moun ki te renmen l' yo nonplis. Enkyetid li pou byenèt Mari, lè li te kloure sou lakwa, te mete sa klè. Menm jan an tou li te apwouve l' lè li te parèt devan frè li, Jak, apre li te leve vivan nan lanmò a. Men li te montre klè ke obligasyon l' yo te pi plis pase yon senp relasyon familye. Menm jan li te mande Jozèf ak Mari a, lè yo te jwenn li nan tanp la, «Poukisa n'ap chache m' konsa? Nou pa konnen fòk mwen okipe zafè Papa mwen?» (Lik 2:49), donk kounye a li montre fanmi li reskonsablite nan travay Papa Bondye nan syèl la te ba li a te pi gran pase nenpòt lòt reskonsablite l' te genyen anvè yo.

Gen yon lòt leson ki kapab soti nan pawòl Jezi yo. Li di nou isit la ke fanmi li se pa sèlman moun ki gen menm san avè l', osinon se tout moun ki fè sa Bondye mande yo fè. Nou menm ki kwè nan li nou se manm fanmi li e nou te atache avèk l' nan lanmou, ki pi gran pase sak ini manm fanmi ki pi ini an.

3. Plis Opozisyon Nan Fanmi An

Jan rakonte nou yon lòt evennman nan opozisyon fanmilye a. Sepandan, nan ka sa a nou pa kapab afime si reyèlman se frè li yo ki te reyalize l'. Mo «frè a», nan Labib, anpil fwa yo itilize l' pou byen di ou, pou bay referans relazyon parantaj pwòch yon moun gen avèk lòt moun. Sa te kapab trete sou yon kouzen l', o sou tonton l' yo, tankou frè bò manman ak papa l'.

Lè fèt Joupa a yo te rive, papa ak manman Jezi te kòmanse ensiste di l' pou l'ale Jerizalèm nan fèt la. Yo te di konsa nan Galile, Jezi pat kapab fè anyen. Men si l' ale Jerizalèn, li menm ak ak disip yo li ta kapab pwoklame mesaj Mesyanik la pi plis.

Ni papa ni manman Jezi pat kapab konprann li. Yo panse li dwe itilize talan l' yo pou l' ka vin popilè. Se konsa yo menm tou t'ap panse itilize Jezi pou fè yo vin popilè. Se poutèt sa yo te vle l'ale Jerizalèm avèk yo, konsa yo ta kapab rete avèk li nan mitan pèp lan. Yo te gen anvi pou di pèp la: «Se nou ki papa l' ak manman».

Bondye pat voye Kris nan monn nan pou lèzòm sèvi ak li pou glwa pèsonèl yo. Kris se sèvitè Bondye, se pa sèvitè lèzòm li ye. Papa ak manman Jezi te montre sa nan jès yo lè evanjilis Jan te afime avèk klète: «Menm frè li yo pat kwè nan li» (Jan 7:5). Nenpòt moun ki vle chache sèvi ak Jezikri pou pwòp enterè l', li montre l' pa kwè nan Kris.

Jezi te refize ale Jerizalèm avèk papa l' ak manman l'. Li te di yo: «Lè pa m' nan poko sonnen» (Jan 7:6). Avèk sa li te vle fè yo konnen kwak yo te gen relasyon fanmilye ki ini yo ak li, men nan yon lòt kote te gen yon dezinyon fondamantal. Se pou lemonn yo te ye; men li menm non. Paske lemonn te rayi Jezi; men li pat kapab rayi yo paske yo te pou monn nan. Diferans sa a ant sila yo ki pou Bondye e moun ki pou moun nan, se pi gwo diferans ki te kapab egziste. Menm inyon fanmilye yo pa kapab detwi li.

Keksyon Sou Etid La

1. Poukisa Jan te voye mesajè yo kote Jezi?
2. Kòman Jezi te apwouve karaktè mesyanik li?
3. Kòman pèp la te aji kont predikasyon Jan an ak pa Jezi a?
4. Poukisa fanmi Jezi yo panse li te fou?
5. Kòman manman ak frè Jezi yo te antre yo nan travay li?
6. Poukisa Jezi te reponn yo?
7. Kiyès ki te manm fanmi Jezi a?
8. Poukisa frè Jezi yo te vle pou l' t' ale nan fèt la?

Pou Etid Siplemantè

1. Eske Mari te kwè nan Jezi? Eksplike sa.
2. Kisa nou kapab konnen sou devlòpman pwogram redanmtè Bondye a, selon sa yo di nan Matye 11:7-12?
3. Fè yon konparezon ant Jan Batis ak pwofèt Ansyen Testaman yo e avèk minis yo nan Nouvo Testaman.
4. Poukisa Jezi te refize ale nan fèt la premyèman, e li te ale apre? Gade Jan 7:10.

CHAPIT 23

YON MOUN KI PI GRAN PASE JONAS

Li Lik 7:36-50; ll:l4-36

Keksyon Pou Preparasyon

1. Nan ki sans fanm pechrès la pi bon moun pase Simon?
2. Poukisa Jezi te kapab chase move lespri?
3. Pouki jenerasyon Jezi a te andanje devan chatiman an?

Entwodiksyon

Farizyen ak eskrib yo te pi gwo advèsè Jezi te ka genyen. Yo te dirijyez relijyez pèp Izrayèl, e yo te konnen Ansyen Testaman an byen. Se yo ki te dwe asepte Jezi kòm Kris la an premye. Men yo te pèvèti ansèyman Ansyen Testaman an; e kòm rezilta, touswit ansèyman Jezi a antre nan kontradiksyon avèk ansèyman pa yo a. Pase yo chanje relijyon yo a pou vin fè yonn ak ansèyman pa Jezi a, yo te refize l' epi yo te pito lite kont li.

1. Fanm Adiltè A

Tout otan farizyen yo te rann kont diferans ki genyen ant Jezi avèk yo, yo t'ap chache mwayen pou siveye l' plis, pou poze l' keksyon, pou yo te ka jwenn rezon pou yo kapab atake l'. Yon fwa, te gen yon farizyen ki te rele Simon, li te envite Jezi pou l' al manje lakay li. Se pa vre Simon te envite Jezi etan zanmi li. Selon sa samble li t'ap chache yon mwayen pou l' te ka tande Jezi ap pale nan yon anbyans ki pa gen bri, e nan sa tou li ta ka di kèk bagay ki ta kapab domaje kòz li.

Kwak Jezi te konnen entansyon Simon, li te asepte envitasyon an paske li renmen farizyen yo tou, konsa li te vle pou Simon ta repanti e kwè.

Pandan yo t'ap manje konsa, yon fanm te antre nan sal la. Men, dapre prensip peyi a, moun ki pat envite yo, te gen pèmi pou antre nan sal kote y'ap manje a, yo te ka chita tout olon panno a ap pale avèk envite yo. Men fanm ki rive se te yon sipriz pou chèf kay la. Se te yon fanm ki te gen movèz repitasyon; yo te konnen li kòm fanm ki fè vi lib. Odinèman, yon fanm konsa pat gen dwa antre nan kay yon farizyen, men kòm li te vle wè Jezi. Li te antre nan sal la, li te rive jouk devan divan kote Jezi te chita a ap poze a, epi li te kòmanse lave pye Jezi avèk dlo je l'. Li siye yo avèk cheve l', li bo yo e li vide odè sou yo.

Simon t'ap gade kisa Jezi ap fè. Lè li wè Sovè a pat gen entansyon pou entèwonp fanm nan, Simon te gen asirans ke li pa yon pwofèt. Yon pwofèt ta gen konesans ki kalite moun fanm sa a ye, pou l' pa kite l' touche l'. Men li, se sètitid sa a Simon t'ap chache a, yon prèv ki gen baz pou ka ba l' otorizasyon pou denonse Jezi.

Men Jezi li menm te deja konnen kisa Simon t'ap panse nan kè l'. Nan yon parabòl sèlman li te demontre Simon fanm nan te reyèlman pi bon moun pase li. Nonm sa a te envite Jezi pou l'al manje lakay li, men li pat ba l' okenn demonstrasyon koutwazi l' te gen lakay li. Men fanm sa a t'ale pi lwen pase tout limit yo pou demontre afeksyon li te gen pou Kris. Simon li menm te epwouve avèk zak li, li pat janm santi pwa chay peche li. Fanm adiltè sa a te montre li te konnen byen ki jan peche li ak mizè l' te gwo, epi se Jezi sèl ki ka peye dèt li yo. Se poutèt sa tou, Jezi te di li ke peche l' yo te padonnen e l' mèt ale ak kè poze.

2. Bèlzeboul

Yonn nan pi gwo chòk ki te pase ant Jezi ak farizyen yo te kòmanse lè Jezi te geri yon nonm ki te gen yon move lespri ki te fè l' bèbè. Malgre foul la te konn wè Jezi ap fè mirak, men fwa sa a yo te mete men nan bouch yo. Men farizyen ki te la a yo, yo pat vle kwè Jezi te ka fè mirak li yo pa pouvwa Bondye. Kèk nan yo te di: «Se Bèlzeboul, chèf move lespri yo, ki ba l' pouvwa chase move lespri yo» (Lik 11:15).

Jezi te genyen yon repons senp pou moman sa a. Li te di farizyen yo ke Satan pap lite kont tèt li. Satan twò odas pou l' ta fè yon bagay konsa.

Epi, Jezi te genyen yon lòt repons ankò ki fè farizyen yo te fache. Li di yo konsa: «Si mwen menm mwen chase move lespri ak pouvwa Bèlzeboul, patizan nou yo ak ki pouvwa ya chase move lespri yo?» (Lik 11:19) Jwif yo te   konsidere kapasite yon Rabi pou chase move lespri, se te siy pou pi asire se Bondye ki t' avè l'. Sepandan, lè Jezi te chase move lespri yo, farizyen yo te gen yon repons kontrè. Fo reskonsablite yo a te vin klè pou tout moun ka wè l' avè je yo.

Jezi te kapab chase move lespri yo paske li te venk Satan depi lè li te reziste tout tantasyon yo nan dezè a. Se poutèt sa menm li chase move lespri, Jezi te montre li pi fò pase Satan. Se paske Satan pèdi batay la, ki fè Jezi pote wayonm Bondye nan syèl la bay lèzòm.

Farizyen yo pa t'ap chache esplike mirak la, men pi byen yo t'ap gade nan ki nivo pèp la te gen konfyans nan Jezi. Pou kontinye Jezi te avèti pèp la yo dwe di kilès yo vle swiv. Pèsonn pat kapab rete net anfas Kris. «Moun ki pa avèk mwen, se kont mwen yo ye; moun ki pa ede m' ranmase, se gaye y'ap gaye» (Lik 11:23). Apre sa, li te ba yo yon egzanp pou montre ki jan cnposib la pou rete net. Li di lè yon move lespri sòti nan yon moun, si kote li te ye a rete vid li pa plen ak yon vrè renmen Bondye ak devosyon e fè sa l' mande; move lespri a ap tounen avèk lòt avè l', konsa nan denyè eta sa a moun nan vin pi mal pase jan li te ye premyè fwa.

3. Siy Jonas La

Apre Jezi te fin rezoud reskonsablite lè yo di li chase move lespri ak pouvwa Satan a, li te tounen vire bò moun yo ki te mande l' yon siy nan syèl la ki pou fè yo kwè se li ki Kris la. Li pa ta bay yo siy sa a. Li te fè anpil siy ak mèvèy otan nan Galile kòm nan Jida. Atò yo ta kwè yon nouvo siy nan syèl la plis pase sa yo te deja wè yo? Pwoblèm nan se pat yon mank rezon, men farizyen yo tèlman negatif pou yo kwè yon prèv yo te deja wè.

Men Jezi te gen yon siy espesyal pou jenerasyon l' nan, siy Jonas la. «Menm jan Jonas te pase twa jou, twa nwit nan vant gwo pwason an, konsa tou Moun Bondye voye nan lachè a gen pou pase twa jou twa nwit anba tè» (Matye 12:40). Rezirèksyon Kris la, apre moun ki kont li yo te fin asasinen l' nan te tèlman kriminèl, se te denyè e pi gran siy Jezi te genyen pou l' bay. Jonas, pwofèt ki te rive Niniv aprè esperyans li te fè nan vant pwason an, se mwayen sa a Bondye sèvi pou preche gwo vil sa a tounen vin jwenn li. Lè apòt yo anonse Kris ki leve vivan nan lanmò a, se mwayen Bondye va sèvi pou rele generasyon sa a tounen vin jwenn ni.

Moun ki t'ap viv nan Palestin yo nan tan Kris la te gen yon gwo reskonsablite. Paske yo te gen opòtinite pou koute pawòl Bondye a nan pwòp bouch Pitit Bondye. Yo te dwe fè vit pou yo tande mesaj li te pote a. Men anpil nan jwif yo te ba l' do. Pa konsekans, Jezi te fè yo sonje reskonsablite yo, ak kondannasyon yo ta pral soufri a. Li te di yo lòt moun yo, tankou moun Niniv yo nan tan Jonas la, ak moun gouvènman Sid la ki vini pou tande sajès Salomon an, yo ta kondannen yo nan jou jijman an. Moun lòt peyi sa yo te tande pawòl Bondye nan bouch lèzòm, e yo te kwè li. Men jwif sa yo te gen privilèj pou tande li nan bouch Kris la menm, kwak sa yo t'ap refize l'.

Jezi te kontinye di yo li enpòtan pou yo gen yon lespri ak yon kè sansib pou resevwa laverite a. Kè lòm (se je espirityèl li) se tankou yon lanp. Lanp sa limen tout kò a esprityèlman. Lòm ki gen yon «bon je», sa vle di, ki chahce laverite, la jwnenn ni vit. Tout kò li va gen limyè. Men lòm ki genyen «je move» sa vle di yon kè pèvès, li genyen yon lespri fèmen kont laverite. Se tout kò l' ki nan tenèb. Jezi te vin nan jenerasyon nan pou l' pote laverite ba yo; men anpil moun, espesyalman dirijan relijyez yo, te gen kè yo konwonpi epi yo pat kapab kwè laverite Jezi t'ap anonse a.

Keksyon Sou Etid La

1. Sou kisa, Simon farizyen an, te akize Jezi?
2. Kisa ki pat bon nan atitid Simon a?
3. Poukisa fanm nan te lave pye Jezi?
4. Sou kisa farizyen yo te akize Jezi nan Lik 11:14 e kontinyè?
5. Kòman Jezi te fè farizyen yo wè yo te nan erè?
6. Poukisa Jezi te kapab chase move lespri yo?
7. Poukisa Jezi pat vle bay farizyen yo yon siy lè yo te mande l' la?
8. Kisa ki siy Jonas la?

Pou Etid Siplemante

Esplike kisa ou konprann yon mirak nan syèl la ye, e bay kèk egzanp sou mirak sa.

PATI 6

DEVLOPMAN LEV KRIS LA

CHAPIT 24

TRAVAYE YO NAN REKOT LA

Li Matye 9:35-11:1; Lik 10:1-20

Keksyon Pou Preparasyon

1. Poukisa Jezi te sèvi ak lòt moun pou ede li?
2. Ki enstriksyon Jezi te bay moun ki pral ede l' yo?
3. Ki relasyon Kris te gen ak moun ki tap ede l yo'?

Entwodiksyon

Nan denyè seksyon etid nou sot fè a, nou te wè Jezi te gen anpil moun kont li. Sa pat diminye ministè li, li te kontinye travay li yo; tout okontrè, ministè a te grandi pito. Men Jezi pat janm fè bak nan travay li senpleman paske li te gen kèk moun ki te kont li. Non sèlman li te kontinye preche; men li te voye lòt pou preche nan plas li tou. Li te kontinye mete erè jwif yo ak farizyen yo deyò. Li te kontinye fè mirak. Epi li te kòmanse ap prezante, pi klè toujou, karaktè espirityèl gouvènman li. A mezi foul la t'ap konprann gouvènman ni se espirityèl li te ye, popilarite li te kòmanse desann.

1. Manke Travayè

Jezi te kontinye ministè li san yon kote fis, sa vle di, li t'ale yon kote jodia, yon jou lòt kote moun te bezwen li.

Travay Jezi a te gen kom baz satisfè tout nesesite lèzòm genyen. Li t'ap montre nan sinagòg yo e li t'ap esplike moun ki vin pou adore yo vrè sans Ansyen Testaman an genyen. Li te preche bon nouvèl wayonm Bondye a, rele lèzòm pou repanti yo palafwa. E li te geri kò moun yo ki te malad.

Kwak Jezi se Pitit Bondye, li pat itilize pouvwa divin li. Simon te mete l' nan menm nivo nou. Pakonsekan, li pat kapab rete nan yon sèl kote tout tan. Lè l' te gen pou l' ale nan yon lòt bouk, li te mache tankou lèzòt yo konn fè a.

Nesesite sa yo te diminye travay Jezi a anpil. Sèlman li te kapab fè yon tikras travay. Epi te gen moun ki te bezwen li toupatou. Renmen li te gen nan kè li t'ale avèk tout moun sa yo, li te santi konpasyon pou yo. Li sonje mouton san gadò yo, ki gaye nan tout kote, epi ki te nan kalite klas danje. Li te vle ede yo. Se pou sa li te di disip li yo: «Rekòt la anpil, men manke travayè pou ranmase l'. Mande mèt jaden an pou li voye travayè nan jaden an l' lan» (Matye 9:37-38).

2. Douz Apòt Yo

Anpil fwa lè nou lapriyè, Bondye sèvi avèk nou pou reponn lapriyè nou yo. Se menm jan an tou li te fè avè disip yo. Apre yo fin lapriyè menm jan Senyè a te ba yo lòd pou yo fè l' la, li te reyni yo e li te voye yo pou y'al fè menm travay li t'ap fè a. Li te ba yo gran pouvwa. Li te ba yo yon pisans sou move lespri yo, maladi ak doulè yo. Avèk pouvwa sa a yo te gen kapasite pou konpli travay pou geri moun malad e chase move lespri.

Anvan Jezi te menm voye douz apòt yo al kontinye grandi travay li a, li menm li te ba yo enstriksyon nesesè pou fè travay la. Yo te dwe konsantre travay yo nan pèp Izrayèl, san yo pa rive nan moun lòt peyi yo, ni nan samariten yo. Epi pita Jezi bay disip yo lòd pou y'ale bò kote yo tou. Men nan moman sa a Jezi t'ap sèvi jwif yo e disip yo t'ale fè menm bagay la. Yo t'ale preche mesaj Jezi te preche a e yo te fè mirak Jezi te fè yo tou. Yo pat pote ni lajan, ni soulye, ni de rad. Yo te dwe depann yo sou Bondye kòm moun ki ka satisfè tout nesesite yo.

Jezi te avèti disip yo, yo pral pèsekite yo. Prèt relijyez jwif yo te kont Kris, Konsa disip yo pral pase anba menm konsekans la tou, paske yo ta pral sèvi kòm reprezantan li.

Kris te pwomèt pou l' voye Sentespri bay sèvitè li yo pou l' ka ede yo. «Men, lè ya mennen nou nan tribinal, pa bat kò nou chache sa na gen pou n' di, ni jan na gen pou n' pale lè lè a va rive, Bondye va mete nan bouche nou sa na gen pou n' di. Paske, se pa nou ki va pale, men se Lespri Papa nou an ki va mete pawòl nan bouch nou» (Matye 10:19-20).

Li enpòtan pou sonje douz disip yo se reprezantan Kris yo te ye. Yo dwe prezante devan lèzòm pou anonse pawòl Kris la, e fè travay li. Alò, menm jan Kris te anba pwoteksyon Papa l' ki nan syèl la, se menm jan an yo menm tou. Etan reprezantan l', yo te fè yonn ak li. Nan sans sa a lèzòm ta panse sou yo menm jan tankou yo panse sou Kris la, epi yo ta trete yo menm jan yo trete Kris la tou. Jouk nan sèten pwen, sa a se yon verite sou tout kretyen yo. Nou se lèt Kris, lèzòm konnen e etidye nou. Se temwen l' nou ye.

3. Swasanndis Disp Yo

Yon lòt lè, posibleman apre douz disip yo te fin konpli devwa bay Kris èd nan travay foul moun yo, Jezi te voye yon lòt gwoup ankò pou yo ka ede li. Gwoup sa a te pi gwo. Se te swasanndis, Senyè a te voye transenk pè disip. Si Jezi te kapab voye swasanndis moun pou ede li, nou ka obsève yo te gen anpil, plis pase douz disip yo, ki te fidèl ki t'ap swiv li.

Jezi te voye wasanndis disip sa yo pou y'al preche devan li nan tout vil ak bouk yo kote li te gen plan vizite. Li te bay yo prèske menm kòmandman li te bay douz disip yo. Yo menm tou yo t'ale geri moun malad yo, e preche gouvènman Bondye a rive. Jezi te deja konnen nan kèk vil yo t'ap refize mesaj yo. Se poutèt sa, yo ta dwe souke pousyè pye yo tankou siy se mesaj Bondye a yo te refize nan vil sa a. Jezi te asire yo ke refi mesaj la ap pote jijman sou vil sa a nan dènyè jou. «Moun ki koute nou, se mwen yo koute. Moun ki repouse nou, se mwen menm yo repouse. Moun ki repouse m', se moun ki voye m' nan yo repouse» (Lik 10:16).

Swasanndis disip yo te soti y'al preche e geri moun malad, yo te tounen ak kè kontan. Yo te ret sezi lè yo wè rezilta travay yo. «Mèt, ata move lespri yo soumèt devan nou, lè nou pran non ou pou chase yo», se sa yo te fè Mèt la konnen (Lik 10:17). Siksè swasanndis disip yo se te yon siyal viktwa Jezi t'ap genyen sou pouvwa tenèb. Li te gen batay la nèt ale sou Satan nan dezè a. Li t'a pral kraze tout fòs Satan byen vit sou lakwa.

Kekyson Sou Etid La

1. Poukisa Jezi te chwazi douz disip yo pou yo ka ede l'?
2. Kay kilès moun Jezi te voye yo?
3. Di senk nan enstriksyon Jezi te bay douz disip yo.
4. Di senk nan enstriksyon Jezi te bay swasanndis disip yo.
5. Ki diferans ki genyen ant travay douz apòt yo ak swasanndis disip yo?
6. Di nan ki fòm douz e swasanndis disip yo te reprezante Kris la.
7. Poukisa disip yo te kapab resevwa pèsekisyon?
8. Kilès ki te ede disip yo nan travay yo?
9. Poukisa Tir, Sidon, Sodòm ak Gomò ap soti nan pi bon kondisyon nan jou jijman pase vil ki refize mesaj predikasyon swasanndis disip yo?

Pou Etid Siplemante

1. Nan ki sans misyon douz apòt yo te yon pwogram enstriksyon pou disip yo?
2. Kòman yo kapab aplike istwa swasanndis yo, nan lavi legliz la, kounye a.

CHAPIT 25

PEN KI BAY LAVI A

Li Jan 6

Keksyon Pou Preparasyon

1. Nan ki sans manje Jezi te bay senkmil moun te yon sipriz pou yo?
2. Kisa jwif yo t'ap tann nan men Jezi?
3. Poukisa nan epòk sa a anpil moun te refize Jezi?

Entwodiksyon

Pandan premye de lane ministè Jezi a, li rale anpil moun sou li. Ansèyman l' yo ak gerizon l' yo te yon sipriz ke pèp la pa te imagine, e yon bann moun te soti nan tout vil yo nan tout bouk kote yo te reyini pou koute li. Apre sa, touswit, popilarite l' te kòmanse desann. Moman pou sa kraze sa a te rive ansanm ak lè li te bay senkmil moun manje a.

1. Jezi bay Senkmil Moun Manje

Mirak pou bay senkmil moun manje a te pase prèske menm lè lè fèt Pak la ta pral rive a. Gran foul moun ki te antoure Jezi a, se posib te gen ladan yo ki te nan pelerinaj ladan yo, yo t'ale Jerizlèm pou patisipe nan fèt la. Jezi te montre foul la e li te geri moun malad yo. Lè li vin apre midi te gen moun ki te grangou. Jezi te diside chache manje pou yo.

Istwa pen ak pwason miltipliye a te konni. Jezi te bay yon gran foul moun manje ak senk pen e de pwason disip yo te jwenn nan men yon ti gason. Tout moun te manje vant plen, e lè yo te fin manje, disip yo te kapab ranmase douz panye plen moso pen. Jezi te fè yon mirak.

Foul la te konprann sa sa vle di. Yo te kòmanse ap di yonn ak lot Jezi se pwofèt ki te gen pou l' vini an. Li sanble ak moun Bondye te di Moyiz la: «Ma chwazi yonn nan yo pou pwofèt, ma voye l' ba yo tankou mwen te voye ou la. Ma mete pawòl mwen nan bouch li. Epi la di pèp la tou sa ma ba li lòd di yo» (Dt. 18:18). Moyiz bay pèp Izrayèl manje, lamann ki te tonbe soti nan syèl la chak jou. Alò, mirak Jezi fè a, pou miltipliye pen ak pwason yo, te sanble menm bagay la, e pakonsekan yo te konpare Jezi ak Moyzi. Yo te tèlman emosyone yo te rive nan yon pwen anpil nan yo te vle pou fè Jezi wa yo, menm lè yo te fè sa pa fòs. Yo te wè pisans Jezi, epi yo te vle li egzèse l' anfavè yo. Jezi te konprann entansyon yo, apre l' fin bay disip yo kèk enstriksyon, li te chape kò l' pami yo li monte sou mòn nan, kote yo dwe jwenn ak li.

Foul la te sèten Jezi t'a parèt ankò. Yo te rete ap tann ni jouk li vin nan nwit, men li pat janm tounen. Disip yo menm te monte kannòt yo, yo te travèse lanmè a y'ale Kapènawòm. Foul moun nan te rete la y'ap tann Jezi. Men malerezman yo pat wè li, donk Jezi te desann sot nan mòn nan jouk lannwit, e li te mache sou dlo a pou l'al kote kannòt disip li yo te ye a.

2. Pen Ki Soti Nan Syèl La

Lè foul la vin konprann se kouri Jezi te kouri pou yo, yo menm tou yo te monte abò kannòt yo e yo te rive Kapènawòm. Yo te jwenn Jezi la ak disip li yo. Yo te kòmanse poze Jezi kekyson ki jan li te rive Kapènawòm. Repons Jezi te ba yo a, e l' te fè yo konnen klè ke li te konnen poukisa yo te enterese nan li. Yo t'ap swiv li paske li te ba yo pen; se pa paske yo te kwè nan li. Li te di yo, lit li a pa dwe fèt pou pen; osinon pou lavi ki pap janm fini an e pou yo gen lavi ki pap janm fini an, yo dwè kwè nan li.

Alò moun yo te fè l' yon demann etranj. Yo te mande l' pou l' bay yo yon siy pou yo kapab kwè. Epi yo te mande yon siy yon jou aprè Jezi te fin ba yo manje mirakilèzman! Yo te menm montre l' ki mirak yo te vle a: « Zansèt nou yo te manje lamann nan dèzè a, jan sa ekri nan liv la: (nou vle sa tou)» (Jan 6:31). Bondye te bay Izrayelit yo lamann chak jou. Jwif yo te vle pou Jezi te ba yo manje menm jan an tou.

Men malerezman Jezi pat vin sou latè pou l'ap mache bay pèp la pen. Li te vin pou l' satisfè nesesite espirityèl yo. Li te di yo byen klè se li ki pen ki bay lavi a. Moun ki kwè nan li yo pap janm grangou ni swaf dlo. Y'ap gen lavi ki pap janm fini an, paske li te sòti nan syèl la pou mennen bay tout moun ki pou Papa l' yo Bondye ba li yo.

Jezi te wè yon lòt fwa ankò enkredilite moun ki te konnen l' yo. Jwif yo te di: «Apa Jezi sa, pitit gason Jozèf la? Nou konnen papa l' ak manman li. Ki jan li ka fè di kounye a li desann sot nan syèl la? (Jan 6:42). Yo pat kwè paske Papa li pat renmèt yo bay Kris la. Jouk tan Bondye pa travay nan kè yon moun, moun sa a pap kapab kwè nan Kris pou l' vin jwenn ni.

Yon lòt fwa ankò, Jezi vin pale sou li ak yo kòm pen ki bay lavi a: «Sa m'ap di nou la a, se vre wi: si nou pa manje kò Moun Bondye nan lachè a, si nou pa bwè san li, nou pap gen lavi nan nou. Moun ki manje kò mwen, ki bwè san mwen, li gen lavi ki pap janm fini an. Mwen gen pou m' fè l' leve soti vivan nan lanmò nan dènye jou» (Jan 6:53-54) Kisa Jezi vle di nan deklarasyon sa yo? Eske li vle reyèlman nou manje kò li e bwè san li? Non. Sa se yon bagay ki klè. Jezi t'ap montre nan langaj sevè e nan yon sans figire, moun dwe panse, lè nou kwè nan li, li vin viv nan kè nou. Konsa li ban nou kapasite pou nou viv espirityèlman.

3. Gran Separasyon An

Ansèyman sa a make yon pwen santral nan travay Kris la. Jouk nan moman sa a popilarite l' te gran toujou. Men kounye a anpil nan moun ki t'ap swiv li yo, te vire do ba li. Kisa ki fè yo te deteste l' la? Yo panse ansèyman Jezi a te twò sèvè. Paske Jezi te di klè benediksyon li te pote a se te benediksyon espirityèl li te ye, se pat materyèl. Jwif yo t'ap chache yon Mesi pou te pote yon domèn politik ak byen materyèl ba yo. Men yo pat vle yon Mesi ki te gen sèlman benediksyon espirityèl pou l' ofri yo.

Li sanble nan moman sa a se te yon gwo kritik pou Jida Iskariyòt tou. Paske, evidannman, Jida t'ap chache yon nonm ki te gouvènen latè, epi konsa li t'ap chache kèk benifis materyèl, se pou sa ki fè l' te swiv Jezi. Kounye a li te konprann li te twonpe, men li pat kite Jezi. Nan menm moman sa a, li te kòmanse chache òpòtinite pou pwofite pozisyon l' tankou yonn nan disip yo nan pwòp benefis li.

Lè anpil disip yo te separe ak Jezi, li te retounen bò kote douz disip yo e li te mande yo, «Nou menm, nou pa vle ale tou?» (Jan 6:67). Pyè te reponn pou tout, «Seyè, ki moun pou n'al jwenn? Se ou menm ki gen pawòl ki bay lavi ki pap jan fini an» (Jan 6:68). Si moun sa yo pat apèn aprann valè lavi ki pap janm fini an. Sa a se yon gwo leson nou tout dwe aprann.

Keksyon Sou Etid La

1. Poukisa Jezi te bay senkmil moun yo manje?
2. Kòman Jezi te bay senkmil moun yo manje
3. Kòman Jezi te kite pèp la apre li te fin ba yo manje?
4. Poukisa moun yo te vini chache Jezi Kapènawòm?
5. Fè yon konparezon sou lamann ak pen Jezi te ofri a?
6. Poukisa Jezi te desann sot nan syèl?
7. Kisa ki nesesè anvan pou yon moun vin jwenn Kris?
8. Poukisa li nesesè pou nou manje kò e bwè san Kris?
9. Poukisa moun yo te panse ansèyman Jezi yo te sèvè?
10. Poukisa douz disip yo te rete avèk Jezi?

Pou Etid Siplemante

1. Poukisa Jezi te refize yo kouwone li Wa?
2. Poukisa Jezi te mache sou dlo a?
3. Chache pawòl «predestinasyon» nan yon diksyonè.
4. Eske ou kapab jwenn kèk prèv predestinasyon nan chapit sa?

CHAPIT 26

LEDVEN FARIZYEN YO

Li Mak 7:1-23; 8:11-21

Keksyon Pou Preparasyon

1. Nan ki fason jwif yo t'ap chache rete san tach?
2. Nan ki peche tout pretansyon sa yo pouse moun?
3. Nan ki fason nou ka konsève kò nou san tach?

Entwodiksyon

Farizyen yo ak eskrib yo te krent pou fòs enfliyans Jezi te gen nan pèp la pat rive pi wo pase pa yo a; poutèt sa, yo te pwofite chak ti opòtinite pou pwovoke l', konsa ya gen plis fòs pou fè l' wont devan pèp la. Jeneralman, Jezi te diskite sa li te di yo, epi touswit li te avèti disip yo move ansèyman farizyen yo.

1. Men Ki Pa Pwòp yo

Mak di farizyen yo te kritike disip Jezi yo paske yo pat lave men yo anvan yo manje. Zafè lave men sa a, se te yon seremoni relijyez, tout jwif yo te pratike pou evite seremoni pa gen bagay ki sal ladan l. Seremoni an, se tradisyon zansèt yo li ye, men farizyen yo te ba li menm enpòtans tankou lalwa Bondye a.

Bondye te chwazi Izrayèl pou li te fè vin yon nasyon sen. Men Izrayèl t'ap viv nan yon monn ki plen peche. Yo te gen pou yo aprann egzante fè peche. Pou te ka ede yo aprann, Bondye te deklare tout bagay ki ta rann yon Izrayèl pa kapab adore nan tamp la «enpi». Nou kapab jwenn règ Bondye te bay Israyèl yo sou bagay ki pa bon nan Levitik chapit 11-15.

Men ansyen yo te envante tout klas règ ak lwa pou ede pèp la egzante salte pèsonèl la, e pèp la te obeyi yo. Pou yo te sèten ke yo te kenbe tèt yo pwòp, yo te gen koutim lave men yo chak lè yo te soti nan mache, epi anvan chak repa, epi netwaye yo tout tan, nan nenpòt lòt okasyon lè yo touche kèk bagay o kèk moun ki pa pwòp. Yo te panse manje a pa bon, si li touche ak nenpòt bagay ki pa pwòp. Pou egzante sa, yo te pirifiye chodyè yo, kaswòl yo, gode yo, vè yo, asyèt yo, e yo te lave men yo.

Jezi pat janm kraze lalwa Bondye a nan okenn fason. Li te obsève tradisyon ki pat kontrè ak lalwa Bondye yo tou. Men li pat obsève sa mèt lalwa yo te mete nan nivo lalwa divin nan, e li te montre disip li yo pou yo pat obsève yo tou. Nan kou sa a, farizyen yo akize Jezi vyole lalwa a.

2. Kòban

Nan repons anvan defi a, Jezi te akize farizyen yo se ipokrit yo ye. Li te di yo gwo mo Ezayi t'ap di sou ban ipokrit yo, se sou yo menm li t'ap pale. Yo te adore Bondye sou po; men se pat ak tout kè yo. Yo te trè fidèl nan kòmandman lèzòm, men yo pat obsève kòmandman Bondye yo. Konsa, pafwa yo itilize kòmandman yo te resevwa sou zansèt yo tankou yon fòs pou yo pa fè devwa yo ki etabli nan pawòl Bondye a. Kòm egzanp, Jezi te siyale pratik Kòban an.

Farizyen yo te montre yon moun te kapab deklare yon byen te kòban (sa vle di: yo te apa pou Bondye). Pou tan yo pat kapab bay pèsonn li, menm papa yo ni manman yo. Sepandan, lalwa Bondye mande pou lèzòm onore papa ak manman yo. Sa vle di, pou pran swen yo, ede yo lè yo nan bezwen. Avèk règ sa a, farisyen yo ka deklare sa yo genyen se Kòban, konsa nonm nan ka kite paran l' san li pa ede yo ak yon ti lajan, epi yo mete lalwa Bondye a sou kote.

3. Sous Kontaminasyon An

Ansèyman Jezi a te konplètman opoze ak pa farizyen yo. Li te di se pa sa ki antre nan yon nonm ki kontamine l'; osinon sa ki soti nan li. Pa gen yon moun ki fè yon bagay ki pi mal pase sa ki antre nan bouch li. Sa ki rive senpleman nan lestomak li epi apre li jete l' la. Salte tout bon an se nan kè li soti. Mechanste a se nan kè li soti. Alò, mechanste a ki soti nan kè a se li ki pèvèsite tout bon an.

4. Yon Siy Nan Syèl La

Nan yon lòt okazyon ankò, farizyen yo t'ap diskite avèk Jezi e yo te mande l' pou l' ba yo yon siy ki soti nan syèl la pou apwouve se li ki Mesi a. Se yon bagay ki klè, li te deja bay yo prèv konplèt ke se li menm ki Mesi a. Jezi te fè anpil mirak, e gen kèk nan yo te fèt nan prezans farizyen yo. «Men yo te mande l' yon siy pou tante l'» (Mak 8:11). Yo te vle pran l' nan pèlen. Men Jezi te refize ba yo siy la paske yo pat gen yon bon rezon pou yo mande l'.

Enkredilite farizyen yo te fè Jezi santi l' mal anpil. Men li gen plis enkyetid pou manke konprann ak enkredilite disip yo. Pandan yo t'ap travèse lanmè Galile a Jezi te pale yo byen. Li te egzante yo pou yo pran gad yo avèk lèdven farizyen yo ak lèdven Ewòd yo. Jezi te vle di yo dwe prepare yo kont move ansèyman farizyen yo. Men disip yo pat konprann sa. Lè Jezi te mansyone lèdven an, yo te panse nan pen e yo te di, «Jezi te fache paske nou te bliye pote pen pou vwayaj la». Jezi te reponn yo poutèt yo te panse konsa. Nou poko konprann toujou! Eske mwen pat bay senkmil moun manje? Alò nou pa konprann, lè mwen di nou fèt atansyon an, se pat avèk ledven yo fè pen, men avèk tout bagay farizyen yo ak sadiseyen yo t'ap montre moun» (Matye 16:12).

Keksyon Sou Etid La

1. Kisa mo «enpi a» vle di biblikman?
2. Poukisa Bondye te deklare kèk bagay pa bon pou sèvi?
3. Ki erè jwif yo te komèt lè yo te viv selon règ zansèt yo?
4. Nan ki peche erè yo a te mennen yo?
5. Kisa Jezi te montre sou kontaminsayon?
6. Poukisa Jezi pat vle fè yon mirak bay farizyen yo?
7. Ki erè disip yo te komèt lè Jezi t'ap egzante yo kont ledven farizyen yo?

Pou Etid Siplemante

1. Nan moman lè Farizyen yo, te tante Bondye a, Izrayèlit yo te fè sa tou nan Masah. Kòman nou menm nou tante Bondye kèk fwa?
2. Nan ki fason nou kapab pi enkyete nou pou sa moun wè deyò, pase sa ki nan kè lòm? Ki jan sa pase farizyen yo?
3. Di kèk pratik nan jounen jodia kote y'ap mete lalwa Bondye sou kote, pou bay enstriksyon lèzòm plas la.

PATI 7

Kriz Nan Ministe Kris La

CHAPIT 27

OU SE KRIS LA

Li Matye 16:13-28

Keksyon Pou Preparasyon

1. Poukisa konfèsyon Pyè a enpòtan?
2. Kilès gwo kriz ki te rive nan lèv Jezi nan Sezare Filip?
3. Kòman sakrifis Kris la se yon egzanp pou kretyen yo?

Entwodiksyon

Jezi te fèt pou l' mouri. Anvan li te kite glwa li nan syèl la pou l' vin patisipe nan istwa imèn tankou lòm, li te deja konnen l' ta pral pase sou lakwa. Nan chak pa pou obeyi Bondye, nan chak aksyon mizèrikòd, nan chak enstriksyon divin, lakwa a se te yon pati pi wo nan nivo preparasyon pou fini lavi li.

Lide lanmò l' la te tèlman yon sipriz pou lezòm, yo pat konprann li jouk lè l' te prepare yo. Poutan, Jezi te prepare yo nan premye pa nan ministè l la moun ki te dwe resevwa ansèyman sou lanmò li. Men se jouk apwe Pyè te fè konfèsyon l' nan Sezare Filip, Jezi te kòmanse pale klè sou lanmò ak rezirèsyon l'.

Apre Jezi te fin bay senkmil moun yo manje, popilarite l' te kòmanse vin diminye, anpil moun te vin kite l'. Li pat kapab kontinye ansèyman l' yo nan Jida paske jwif yo te vle touye l'. Konsa, li te fè plis tan nan montre disip yo, e li pase mwens tan nan montre foul la.

Pou evite diskisyon ak jwif yo, li te rete sèlman avèk disip yo. Kèk fwa li te dwe ale kèk kote ki pa gen moun ditou.

1. Sezare Filip

Apre Jezi fin bay senkmil moun manje, Jezi te mennen disip yo nan kontou Sezare Filip yo. Jiwf yo te eskive zòn sa a paske vil la se te sant fòs enflyans women yo e li te fè lizyè avèk tèritwa moun lòt peyi yo.

Jezi t'ale kote sa a pou l' te ka rete sèl avèk disip yo. Pandan l' te la li mande yo: «Ki moun yo di mwen ye, mwen menm Moun Bondye voye nan lachè a?» «Bon, nou menm, ki moun nou di mwen ye?» Epi pita, sa fè premyè fwa, li pale ak yo sou lanmò l' nan lavil Jcrizalèm.

2. Ki Moun Mwen ye?

Gade pou wè konbyen fason konvèsasyon sa a te siyale lakwa a.

1. Repons keksyon an: «Ki moun yo di mwen ye, mwen menm Moun Bondye voye nan lachè a?» Sa montre popilarite Jezi a okòmansman te fonde sou yon move antannman sou sa Jezi te montre sou li. Depi moun yo te konprann Jezi pat Mesi a yo t'ap tann nan, yo te refize li. Anpil te deja ale kite l'. Kèk lòt moun ta fè menm bagay.

2. Konfèsyon Pyè a ki di Jezi se «Kris la, Moun Bondye, voye nan lachè a», demontre disip yo te aprann laverite sou Jezi. Yo te prepare pou yo resevwa nouvèl esèyman sou lanmò li. Kris te deklare yo beni paske Papa ki nan syèl la te revele yo ki moun Jezi ye. Se Bondye sèl ki kapab louvri je lèzòm pou yo te kapab konprann laverite sou Jezi.

Konfèsyon Pyè ak repons Jezi a «ou se yon wòch, Pyè, se sou wòch sa a m'ap bati legliz mwen» sa kòz anpil diskisyon nan legliz. Legliz katolik womèn panse repons Jezi a se ke Pyè se te premye Pap. Kèk pwotestan panse Jezi t'ap pale pi byen sou konfèsyon Pyè a pase sou Pyè menm. Sepandan, anpil fwa Pyè te konn sèvi kòm pòtvwa osinon reprezantan douz apòt yo. Pyè te fè konfèsyon sa a nan non yo tout e Jezi te pale sou yo tout lè l't'ap pale ak Pyè a. Jezi te bati legliz li a sou «fondasyon apòt yo, ak pwofèt yo, Jezikri se gwo wòch ki kenbe kay la» (Efèz 2:20).

3. Tèm legliz la relasyone dirèkteman avèk tèm lakwa a. Se lanmò Jezi a ki kòmanse bati legliz la.

Jezi te pwomèt l'ap bati legliz li a sou douz apòt yo, men se Pyè ki dirijan l'. La ba yo klè Wayonm nan, sa vle di, otorite nan legliz la. Yon egzanp egzèsis otorite sa a nou kapab jwenn li nan Travay 5.

4. Jezi bay disip yo lòd pou yo pa di pèsonn se li ki Kris la. Konsèy sa a te mete plis aksan sou enpòtan lakwa pou yon konpreyansyon dekwa sou zèv Jezi yo. Si disip yo te di pèp la se li ki Kris la, san pale sou lakwa a, moun yo ta konsidere Jezi tankou yon Kris yo t'ap tann nan. Doktrin sou lakwa a te esplike ki klas Kris Jezi te ye.

5. Lè Jezi te fin avèti disip yo, li te kòmanse enstwi yo sou lanmò li ak rezirèksyon l'. Nou ka konsidere sa a se te premye ansèyman li sou tèm nan. Se li ki te siyale kòmansman dezyèm pati lèv Jezi a.

6. Lè Pyè te blame Jezi poutèt li te di yo bagay sa a, li montre jan yo pat konprann anpil nan mesaj Jezi a. Jouk kounye a yo pat konnen Kris la te gen pou l' soufri. Se poutèt sa Jezi te avèti disip li yo pou yo pa di pèsonn se li ki te Kris la. Kwak yo pat pwè pou yo preche mesaj nèt ale sou Kris la.

7. Avèk pawòl tranchant yo Jezi te repwoche Pyè a li te montre yo lakwa te nesesè anpil. Li te esansyèl pou travay mesi li: li te fè pati plan Bondye pou lavi li. Pawòl Pyè a te reprezante lòt tantasyon Satan pou l' wete Jezi nan chemen obeysans Papa a. Satan te tante Jezi pa Pyè, pou li ta konvèti l' nan tip Mesi pèp la vle a.

8. Apre Jezi te fin montre sou sakrifis li, li te pale sou sakrifis sa mande pou moun k'ap swiv li yo. Li te di: «Si yon moun vle mache deyè m', se pou li bliye tèt li. Se pou l' chaje kwa l' sou zepòl li, epi swiv mwen» (Matye 16:24). Jezi bay lavi li sou lakwa, li nesesè pou moun k'ap swiv li yo bay lavi pa yo nan sèvis Bondye tou.

Keksyon Sou Etid La

1. Kòman ansèyman Jezi a te chanje lè l' te rive Sezare Filip?
2. Kisa moun yo kwè Jezi te ye
3. Kisa disip yo te konfese ak bouch yo sou Jezi?
4. Sou kisa Jezi te pwomèt bati legliz li a?
5. Pouki Jezi te di disip yo pou yo pa di lòt moun se li ki te Kris la?
6. Kòman Jezi te pale ak Pyè pou li te fè li konnen ke li nesesè pou chaje kwa a?
7. Ki sakrifis Jezi te mande moun k'ap swiv li yo?

Pou Etid Siplemante

1. Kòman pwomès nan Matye 16:28 la te konpli?
2. Kòman Katechis Heidelberg la defini klè yo nan gouvènman an? Gade keksyon 83 ak repons li.
3. Kòman yo ouvè e fèmen kle gouvènman Kris la? Gade Katechis Heidelberg keksyon ak repons 84 e 85.

CHAPIT 28

TEMWEN YO KI TE WE GRANDE KRIS LA

Li Lik 9:28-36; Mak 9:14-32; Matye 17:1-19

Keksyon Pou Preparasyon

1. Kisa transfigirasyon an vle di nou?
2. Kisa disip yo di nou sou echèk nan chase move lespri sou tigason ki te fou a?

Entwodiksyon

Konfèsyon Pyè nan Sezare Filip la, pwomès Jezi l'ap bati legliz li sou apòt yo, avèk entwodiksyon nouvo ansèyman lanmò ak rezirèksyon Jezi a, tout bagay sa yo montre lèv Jezi a te rive nan denyè bout li. Transfigirasyon an te pase prèske yon senmenn apwe evennman ki te pase nan Sezare Filip la.

1. Siyifikasyon Transfigirasyon an

Apwe Jezi te deklare disip yo soufrans ak lanmò ki t'ap tann ni an, li t'al lapriyè sou timòn nan. Pandan li t'ap lapriyè, li te monte l byen wo, apwe li desann ni pou imilye li pi rèd, pase nan moman lé l' te fèt la. Li sonje laglwa ki te reyèlman pa l' la, defèt li pat fè anyen pou l' ta mouri pou sa. Men se li menm ki te chwazi l' ak pwòp volonte li pou tounen nan eta imilyasyon an pou mouri sou lakwa.

Transfigirasyon an te ede disip yo pou wè lanmò Jezi a pwochènman nan vrè sans li. Avèk tout sekirite, yon nonm ki te genyen yon glwa konsa, kòm Pitit Bondye a, li pap janm pèdi batay la. Kwak lanmò li te dwe fè pati yon plan divin ki ta fini ak viktwa.

Malerezman, nan moman sa a disip yo pat konprann li konsa. Pawòl Pyè yo montre li ke Pyè vle pran yon chemen ki pap mennen li nan lakwa. Sèlman apre Jezi te krisifye resisite a disip yo te vin familyarize yo ak siyifikasyon Transfigire a.

2. Tigason Ki Gen Malkadi a

Lè Jezi ak twa disip yo te desann sot sou Mòn Transfigirasyon an, Jezi te fè fas ak yon pwoblèm. Yo te mande disip yo pou yo geri yon tigason ki te gen yon move lespri sou li, men yo pat gen kapasite pou yo fè sa. Yon lòt fwa anvan sa Jezi te voye yo al preche e li te ba yo pouvwa sou maladi yo ak move lespri yo. Poukisa kounye a yo pat gen pouvwa sa?

Apre Jezi te fin geri tigazon an, li te reponn disip yo keksyon sa a. Klas move lespri sa yo tigason sa a te genyen sou li a, se yon moun ki gen gwo lafwa ki kapab chase yo, yon fwa ki nouri ak lapriyè sèlman. Sa vle di disip yo pat gen yon lafwa konsa.

3. Enstriksyon Pou Douz yo

Mak montre nou ke Jezi ak disip yo te vwayaje Galile an kachèt. Jezi te bezwen yon kote izole pou li enstwi disip li yo sou lanmò ak rezirèksyon li ki te prèt pou rive a. Men lè li te pale ak yo, yo pat konprann ni yo te pè poze li keksyon.

Isit la nou wè yon vrè pwen kritik nan misyon Kris la. Lanmò ak rezirèksyon li te anfas li, e li te deklare l'ap bati legliz li sou disip yo. Men yo pat konprann ansèyman l' nan. Si travay devlòpman misyon Kris la te gen pou l' tonbe sou douz apòt sa yo, fiti legliz Bondye a t' ap sanble li gen dout ladan l' tout bon.

Keksyon Sou Etid La

1. Konte tout evennman yo ki gen relasyon avèk Jezi sou mòn transfigirasyon an.
2. Nan ki fason prezans Bondye te parèt vizib nan Sinayi ak sou Mòn transfigirasyon an? Gade Egzòd 34:28-35.
3. Nan toulede okasyon yo, kòman Bondye te manifeste laglwa li?
4. Kisa transfigirasyon an vle di, pou Jezi?
5. Kisa transfigirasyon an vle di pou twa disip yo?
6. Fè yon deskripsyon sou kondisyon tigason ki te gen move lespri sou li a.
7. Fè yon deskripsyon sou gerizon tigason an.

8. Poukisa disip yo pat gen kapasite pou geri li?

Pou Etid Siplemante

1. Poukisa Jezi te fè Pyè, Jak ak Jan ale avèk li olie li te mennen touledouz disip yo?
2. Poukisa se Moyiz ak Eli ki te parèt avèk Jezi?
3. Eske ou panse demann Pyè a te bon o li te twonpe? Poukisa?

CHAPIT 29

KONBYEN FWA OU DWE PADONNEN?

Li Matye 17:22-18:35

Keksyon Pou Preparasyon

1. Eske Jezi te bezwen peye taks pou tanp la?
2. Kisa Jezi te di sou timoun yo?
3. Kòman ou pral trete moun ki fè nou mal?

Entwodiksyon

Apre transfigirasyon Jezi ak disip li yo, yo t'ale Kapènawòm kote Jezi te abite a. Evennman ki dekri nan leson sa a te pase presizeman nan dènye jou yo, lè Jezi te pase Kapènawòm nan.

1. Mwatye Sik

Nan chemen pou ale Kapènawòm nan, Jezi ak disip li yo te kontre ak moun ki t'ap touche taks tanp la. Se te koutim, chak jwif ki gen plis pase ventan dwe peye demi sik (tankou kat dolar konsa) chak lane pou pwan swen tanp la. Sepandan, yo pa dwe fòse pèsonn peye sa. Prèt yo mande Jezi si li te dispoze pou peye taks sa, epi Pyè te reponn yo wi byen vit.

Lè Pyè pwoche kote Jezi pou di l' sa, Jezi te poze l' yon gwo keksyon. Sans keksyon an se te: «Eske Pitit Bondye a dwe peye Papa l' ki nan syèl la taks?» Natirèlman repons la se te «Non». Akòz nati diven Jezi, li pa rantre nan règ sa a. Men, poutèt li pat vle vèkse lèzòm san bezwen, li te peye taks la.

Ni Jezi ni Pyè yo yonn pat genyen lajan nan monman sa a. Li sanble se Jida ki te trezòrye gwoup la (Jan 12:6; 13:29). Pase pou Jezi te nan pèdi tan nan voye Pyè al chache Jida pou l' ka peye taks la, li bay Pyè lòd pou l' voye yon zen nan lanmè a pou kenbe yon pwason. Li di lajan yo te bezwen an te nan bouch pwason sa a.

2. Timoun Piti A

Apre sa, disip yo te vin bò kote Jezi avèk keksyon an: «Ki moun ki pi grannèg nan peyi Wa nan syèl la?» (Matye 18:1). Gwo keksyon sa a te kapab vini poutèt se twa nan douz disip yo ki te avèk Jezi sou mòn transfigirasyon an. Osinon, li te kapab leve paske Pyè te aji tankou dirijan lè prèt yo te poze keksyon sou taks la. Lè Jezi reponn, li mete yon timoun pitit nan mitan yo. Li te di, se moun ki tounen tankou yon timoun piti, k'ap antre nan Peyi Wa nan syèl la. Kisa sa vle di? Jezi t'ap montre yo, yo dwe gen lamou ak konfyans yo menm jan tankou yon timoun renmen e konfye sou manman ak papa l, konsa yo kapab antre nan gouvènman Bondye a. Tout sa yo tou se menm kalite ki fè yon moun vin gran nan Wayonm nan.

Nou toujou gen tandans pou konsidere timoun yo pa gen anpil enpòtans, paske yo piti. Men Jezi te konsidere yo gen anpil enpòtans. Li te avèti nou sou gwo peche yon moun komèt lè l' mennen yonn nan yo nan yon chemen dezònèt. Li avèti ankò, sou danjè ki gen lè yo fè nenpòt nan yo pèdi vrè chemen an menm si se nou menm menm. Presizeman tankou gen moun ki pito yo koupe yon ponyèt li, o janm li, pou sove lavi li, nou dwe dispoze pou wete tout kalite bagay ki kapab separe nou avèk Bondye nan lavi nou.

Jezi te montre tou, lanmou Papa a ki nan syèl la gen pou timoun yo. Li di ke gen zanj espesyal ki toujou wè figi Bondye, se sa yo ki gen reskosablite pou proteje timoun yo. Jezi te esplike yo istwa mouton ki te pèdi a. «Konsa tou, Papa nou ki nan syèl la pa ta renmen wè yon sèl nan ti piti sa yo rive pèdi» (Matye 8:14).

3. Lespri Ki Padonnen an

Apre Jezi te fin avèti disip yo sou danje peche kont lòt moun nan, li te di yo kisa pou yo fè lè yon moun fè peche kont yo menm. Jezi te ba yo yon patwon kondwit pou yo swiv, Se menm modèl sa tou nou swiv lè yon kretyen komèt yon gwo peche kont nou.

1. Nou dwe pale apa avèk moun ki ofanse nou an epi chache mwayen fè l' wè peche li. Si li prèt pou tande nou e li gen lapenn pou peche li, nou kapab rezoud pwoblèm nan ansanm. Nou pa bezwen fè okenn lòt bagay.

2. Si li pa vle tande nou, nou genyen pou tounen avèk yonn o de temwen, epi na chache wè si la repanti l'.

3. Si sa pa fonkysone, nou kapab prezante pwoblèm nan devan legliz. Si kwak konsa li pa vle repanti peche l', devwa legliz se mete li an disiplin. Denyè pwen final nan disiplin nan se eskominyen li, donk nan sikonstans sa a pechè a pratikman rete deyò legliz la. Yo dwe kanpe li patisipe nan zafè legliz la, apwe sa, pwiye pou Bondye ka delevre l.

Lè yo eskominyen yon moun sa se yon ka ki grav anpil. Jezi te di lè legliz la pran yon tèl detèminezon, Bondye konfime jijman sa a nan syèl la. Alò, lè yon moun pa vle repanti li rete nan eskominyon an, nou rekonèt li pa kretyen. Moun sa a pa manifeste prèv lafwa l', e lafwa ki pa pote fri se yon lafwa ki mouri.

Règ sa yo nou li anwo a nesesè, lè kretyen yo di piblikman yo fè peche, yo kanpe fas a fas avèk peche yo, e yo rive nan repantans. Men pou nou, endividyèlman, nou pa gen pèmi anplwaye kondenasyon sa yo kont moun nan. Menm lè gen moun ki repete kèk peche kont nou anpil fwa nou dwe padonnen li chak fwa. Bondye te padonnen tout bann peche nou yo. Poutan, nou dwè padonnen sila yo ki fè nou ditò, paske peche yo pa twò anpil, ni twò grav pase sa nou fè kont Bondye.

Si nou pa padonnen lòt moun, nou pa kapab gen espwa Bondye ap padonnen nou. Sa pa vle di Bondye padonnen nou paske nou padonnen lòt moun non, men Bondye padonnen peche nou yo akòz sakrifis Kris la an favè nou. Men si nou manke lespri padon Bondye bay pitit li yo, sa ap fè moun doute se pitit Bondye nou ye.

Keksyon Sou Etid La

1. Kisa taks tanp la te ye?
2. Poukisa yo te kapab panse Kris pa dwe peye sa?
3. Poukisa Kris te peye l'?
4. Kòman Jezi te itilize yon timoun piti kòm yon leson ak yon bi?

5. Kòman nou dwe mennen bagay ki kapab sèvi mwayen pou
fè nou pèdi nan lavi ?
6. Kòman nou dwe chache zanmi moun ki ofanse nou?
7. Poukisa eskominyon an se yon bagay ki grav anpil?
8. Konben fwa nou dwe padonnen yon frè nou?
9. Kisa parabòl Move Sèvitè a vle di?

Pou Etid Siplemante

1. Ki leson pratik nou aprann nan pèyman taks tanp la Jezi te
fè a?
2. Jouk nan ki pwen yo dwe konprann Matye 18:8,9
literalman?

CHAPIT 30

KOURAN DLO K'AP BAY LAVI A

Li Jan 7:10-52

Keksyon Pou Preparasyon

1. Ki pwomès Jezi te bay nan fèt Joupa yo?
2. Ki keksyon jwif yo te fè sou li?
3. Ki opozisyon Jezi te jwenn nan fèt la?

Entwodiksyon

Nan yonn nan chapit anvan yo nou te wè papa ak manman Jezi te mande l' pou l'ale nan fèt Joupa yo avèk yo, e l' te refize yo ale. Paske Jezi pat ankò prepare pou l' antre nan triyonf Jerizalèm, jan paran l' te vle a. Men, apre yo te pati al nan fèt la, Jezi ak disip yo t'ale nan fèt la tou. Yon sèl bagay, Jezi pat kapab fè jan paran l' te vle li fè a, li te fè sa jan pa l' avèk tout sekirite.

1. Nan Tanp lan

Jezi te rive Jerizalèm apre fèt la te kòmanse. Li ale nan tanp la, li kòmanse ap anseye. Moun yo sezi pou wè Jezi k'ap anseye san li pa menm gen preparasyon fòmèl eskrib yo bay la. Yo te bliye si pwofèt nan Ansyen Testaman yo se te moun ki pat gen okenn edikasyon fòmèl (Amòs 7:14 ak 15). Jezi deklare nenpòt moun ki gen dezi sensè pou fè volonte Bondye, ap konnen sa l'ap montre yo se nan Bondye yo soti. Prèv ki te pi impòtan an yo kapab soumèt yon rabi a, li pat baze nan ki nivo edikasyon li te genyen, osinon li te baze nan dekouvri si l'ap chache pwòp glwa l' o laglwa Bondye.

Yonn nan prensipal seremoni pou fini fèt Joupa yo se te sa yo te fè chak jou lè yo te bwote dlo soti depi nan pi Siloye a pou yo vin vide l' nan tanp la. Sa se te yon pati pou fè sonje Bondye te bay Izrayelit yo dlo pandan karant lane yo te pase nan dezè a. Li te fè yo sonje, ankò, pwomès li va gen yon kouran dlo k'ap koule nan kay Bondye a, selon Ezekyèl 47. Jezi te deklare se li ki va pote dlo ki bay lavi a pou moun ki kwè nan li. Se nan li pwofesi Ansyen Testaman an konpli. Sa Bondye te pwomèt yo nan kèk syèk pase yo, Kris ta pral konpli yo lè li ba yo Senespri a.

2. Divizyon Foul Pèp la

Pèp la pat konnen kisa pou yo panse sou Jezi. Yo te konnen ke anpil nan prèt yo te kont ansèyman l' la. Men li te kanpe vanyan nan tanp la, li t'ap preche yo. Yo te admire mirak li te fè yo; men yo te doute si se li menm ki te reyèlman Kris la. Men yo te konnen li te moun Galile e yo pat kwè Kris la ta soti nan yon ti pwovens meprize konsa.

Divizyon foul la te make yon chanjman nan atitid yo anvè Jezi. Okòmansman tout moun te renmen tande l' san pwoblèm. Li te gen yon bann moun ki t'ap swiv li. Men kounye a yo te doute. Diferans ant mesaj li a ak lide pèp la sou Kris la te vin parèt klè. Pèp la te deja pat asire si se Jezi ki te Kris la yo t'ap tann nan.

Jezi te montre kòz divizyon pèp la lè l' te di yo li nesesè pou yo dispoze yo pou fè sa Bondye mande. Pèp la te konfonn Kris la, paske yo pat gen enterè, onètman, pou fè sa Bondye mande yo. Yo te vle wè lide yo ak rèv yo reyalize, men yo pat vle chanje lespri yo pou lide yo vin konfòm ak plan Bondye yo. Pakonsekan yo pat kapab deside si Jezi t'ap pale pawòl Bondye o non.

3. Rankin Chèf Yo

Opozisyon gran prèt yo ki te la depi okòmansman lèv Jezi a, te rete toulimen. Pandan Jezi t'ap ansèyen nan tanp la, chèf jwif yo te deside lè a rive pou yo poze men sou li. Men gad ki t'ap siveye tanp la, yo te voye yo al arete li, yo te tèlman anchante ansèyman l' la, yo te tounen san li. Yon sèl eskiz yo te bay pou echèk lèv yo a se te: «Nou poko janm wè yon nonm ki pale tankou nonm sa a» (Jan 7:46). Opozisyon desisiv chèf yo te vin manifeste pi klè avèk repons gad yo te bay la: «Eske nou wè gen yon sèl chèf nou yo osinon farizyen yo ki kwè nan li? Moun sa yo gen lè pa konnen lalwa Moyiz la. Se moun ki gen madichon!» Lè Nikodèm te bay sijesyon l', eske li posib pou yo jije yon nonm san yo pa tande l' anvan, san yo pa konnen sa l' fè, yo vire kont li britalman. Yo te di Jezi se te moun

Galile, e okenn pwofèt pat janm ankò soti nan Galile. Eksplozyon yo te fè yon rayisab pwofonn yo te gen kont Jezi, epitou li montre prejije yo te gen kont Kris la te deja la. Akòz li se moun Galile, yo pat menm vle konsidere pretansyon yo. Men jwif yo pat tante mete men sou Jezi yon lòt fwa epi li te kontinye ap montre nan tanp la.

4. Opozisyon An Grandi

Evennman ki pase nan fèt sa a montre nou lèv Jezi a rive sou dènye pwen l' pou fini sou lakwa. Prezantasyon Jezi fè sou li kòm Pitit Bondye a te vin pi klè. Fòs pwotèksyon popilè Jezi a, direktè ak mèt lalwa yo te pè a, t'ap diminye plis. E opozisyon chèf ak mèt yo t'ap grandi a t'ap anonse pèsekisyon an ta pral rive.

Keksyon Sou Etid La

1. Kisa fèt Joupa yo te ye? Gade paj 37.
2. Pa ki prèv lèzòm ka konnen Jezi te pote pawòl Bondye a?
3. Konte demann Jezi yo jwif yo te kont la?
4. Konte deklarasyon moun ki te kont sa Jezi te mande yo.
5. Konte deklarasyon moun ki te an favè demann Jezi yo.
6. Kisa pawòl Jezi yo vle di, nou li nan Jan 7:33-34 vle di?
7. Kòman Jwif yo te entèprete pawòl Jezi yo nou li nan Jan 7:33-34?
8. Kisa Jezi te vle di lè l' te di li se «dlo ki bay lavi a?»

Pou Etid Siplemante

1. Fè yon konparezon deklarsyon yo ou te ekri anwo nan Keksyon 4, 5. Sou Etid la. Kiyès ladan yo ki ka konvenk ou plis? Eksplike li.

CHAPIT 31

LIMYE TOUT MOUN

Li Jan 8:12-9:41

Keksyon Pou Preparasyon

1. Nan ki sans Jezi se Limyè Tout Moun?
2. Nan ki sans Jezi divize lèzòm nan de klas?
3. Kòman lafwa mandyan avèg la te devlope?

Entwodiksyon

Rankin kont Jezi a te manifeste ouvètman pandan fèt joupa yo. Li te kapab fini si Jezi te sispann ansèye, men li te kontinye pwofite okazyon fèt la pou rale pèp la sou li e pou montre yo pouvwa li. Sa te fè chèf ak mèt lalwa jwif yo fache anpil, epi opozisyon yo kont Jezi te vin gran. Nan kondisyon sa a, divizyon ant yo menm ak Jezi a te vin pi vizib nan tout pèp la.

1. Nan Tanp la

Pandan fèt Joupa a te konn limen balèn ak dife pou fè jwif yo sonje gwo nyaj ki te gen fòm yon poto ki te kondwi zansèt yo nan dezè a diran karantan. Poto sa se te yon gid divin ki pat janm fè yo pèdi chemen an. Se posib pandan fèt sa a Jezi te fè menm reklam nan sou li, li di: «Se mwen menm ki limyè k'ap klere tout monn ki sou latè. Moun ki swiv mwen va gen limyè ki bay lavi a. Yo pap janm mache nan fènwa» (Jan 8:12).

Touswit farizyen yo kòmanse ap diskite ak Jezi. Yo pat bay ansèyman l' nan okenn enpòtans, osinon ki dwa li te genyen pou montre. Yo te nonmen lalwa jwif la ki te di, fòk yon moun prezante de temwen pou bay nenpòt deklarasyon. Moun ki t'ap pale a li te kapab yonn nan de temwen yo. Paske Jezi t'ap pale sou li menm menm, jwif yo te ensiste yo pa ka kwè deklarasyon li a, paske li manke yon temwen ki pou garanti sa.

Sepandan Jezi te gen yon temwen. Men farisyen yo pat konnen moun sa a se Papa l', paske yo te refize kwè nan Jezi. Yo te fache anpil lè Jezi te di yo sa.

Alò, Jezi t'ap di pèp la li pral mouri. Pèsonn pat konprann li okòmansman. Men li te reponn yo, epi anpil moun ki te tande Jezi ap pale konsa te kwè nan li (Jan 8:30).

2. Opozisyon Pèp la

Jezi te pwomèt pou bay nenpòt moun ki kwè nan li libète. Touswit, kèk nan yo te di jwif yo pa nan esklav. Yo kòmanse diskite avèk Jezi sou kilès ki papa yo. Lè yo di yo se pitit Abraram o pitit Bondye sa vle di yo obeyi Bondye e yo dwe resevwa benediksyon li te pwomèt Abraram yo. Lè yon moun se pitit Dyab li ye sa vlc di li swiv Satan nan move chemen. Paske pèp la pat rekonèt peche yo, Jezi te di, yo pa pitit Bondye. Yo te dispoze pou yo kwè Jezi se te Mesi a, men sèlman si se te klas Mesi yo te vle a. Yo pat admèt se pechè yo ye, e yo pat kwè nan Jezi tankou moun Papa a te voye pou delivre yo anba peche.

Lè Jezi te ensiste yo pa konprann li paske, se pa moun Bondye yo ye, jwif yo te fache. Lè Jezi te ensiste ke li te la depi anvan Abraram te fèt, yo te akize se blasfèm l'ap fè, sa vle di li pretann li se Bondye. Yo te pran wòch pou yo touye li, men li te kache.

3. Avèg K'ap Mande a

Lè jwif yo te tante lavi Jezi, li te kite tanp lan. Pandan yo te deyò a, yo te gade yo wè yon avèg. Disip li yo te mande l', ki moun ki te fè peche dèske nonm sa ki fèt tou avèg. Jezi te esplike yo se pa tout fwa maladi a vin soti dirèk nan peche. Nonm nan te fèt avèg pou Jezi te kapab geri li tou senpleman. Laverite Jezi se limyè lemonn nan, pat kapab fèt yon lòt fason pi byen pase sa, pou l' fè yon nonm ki te fèt avèg wè. Se poutèt sa Jezi te fè nonm avèg sa a wè ankò.

Mirak sa te rele anpil moun atansyon. Gen moun ki te doute se te nonm sa a ki te fèt avèg la. Lè li te deklare yo Jezi te geri li, kèk nan yo te mennen li devan prèt farizyen yo.

4. Lafwa Ak Enkredilite

Farizyen yo te kòmanse egzamine nonm Jezi te fè wè a. Okòmansman yo te divize nan opinyon yo. Kèk nan yo te kont Jezi paske li te geri yon moun jou repo a; kèk lòt te admèt mirak sa a te apwouve ke Bondye te avèk Jezi. Men amezi yo te kontinye envestigasyon an te gen yon chanjman ki te fèt. Yo te chache di pat gen mirak ki te fèt. Paran nonm ki te avèg la te ensiste piti li a di laverite lè l' afime li te avèg e kounye a li wè. Touswit farizyen yo te chahche mwayen di se pa Jezi ki te fè mirak la. Men nonm ki te avèg la te pèsiste nan afimasyon sak te pase a, e farizyen yo pat kapab di se pa vre. Yo te tèlman fache jouk yo te mete l' deyò nan sinagòg la.

Antan farizyen yo ap fè tètdi nan enkredilite yo, lafwa avèg la t'ap grandi. Okòmansman li pat konnen anpil. Li kwè nan Jezi, li obeyi li e li vin geri. Men a mezi li te defann li devan farizyen yo, li te vin konvenk chak fwa plis ke Jezi te yon moun inik. Apre yo te fin mete l' deyò, nonm nan te jwenn Jezi, a l' te prèt pou kwè Jezi se Pitit Bondye a.

Farizyen yo ak nonm ki te avèg la te reprezante de gwoup nan Jerizalèm: enkredil ak kretyen. Lafwa moun ki te kwè nan Jezi yo te vin pi fò. Men moun ki pat kwè yo te pi difisil pou konvenk. Lè lèzòm te rete fas afas avèk gran deklarasyon ak gran travay Jezi yo yo te panse. O yo te kwè o yo te refize li.

KEKSYON SOU ETID LA

1. Konte deklarasyon Jezi te bay jwif ki te kont li yo?
2. Kilès ki te de temwen verite pawòl Jezi yo?
3. Anba ki klas esklavaj jwif yo te a?
4. Kòman Jezi pat dakò ak jwif yo sou zanzèt yo?
5. Esplike kisa Jezi te vle di lè l' te deklare yo se pitit Dyab la?
6. Poukisa jwif yo te vle touye Jezi?
7. Poukisa nonm k'ap mande a te fèt avèg?
8. Kòman li te geri?
9. Di ki plizyè pa ki demontre devlòpman lafwa nonm ki te fèt avèg la.
10. Konte konbyen pas ki demontre devlòpman enkredilite farizyen yo.

CHAPIT 32

BON GADO A

Li Jan 10

Keksyon Pou Preparasyon

1. Nan ki sans Jezi sanble yon gadò?
2. Kisa Jezi te montre sou legliz li?
3. Ki afimasyon Jezi te fè sou li menm menm?
4. Kòman jwif yo te aji kont ansèyman Jezi a?

Entwodiksyon

Nan fen chapit nou sot li a, nou te wè yon chòk ki te pase ant Jezi ak chèf jwif yo. Nan chapit sa a nou pral wè kòman chòk la kontinye. Jezi te siyale pèp la echèk chèf jwif yo, e li te prezante pwòp moun sa yo demann li.

1. Gadò A

Jezi te fè konparezon yon gadò avèk vòlè yo ak moun kap fè job, pou montre jwif yo kòman yon vrè sèvitè Bondye dwe aji. Lè vòlè vini se «vòlò li vin vòlò, se touye li vin touye, se detwi li vin detwi» (Jan 10:10). Tout aktivite vòlò toujou gen twonpri ak manti. Li vle sedi tout e vòlò mouton yo. Yon moun kap fè job se yon moun yo peye pou veye mouton yo. Li pa renmen mouton yo. Li sèlman enterese nan kòb l'ap touche a, e li pa riske lavi li pou pwoteje pak la.

Gadò a pa itilize ni twonpri ni manti. Li antre nan pòt la. Li konnen mouton l' yo e mouton yo konnen li. Li pa kouri kite yo lè danje amenase yo, ni li pa kite pak la sèl.

Jezi se vrè gadò a, gadò Bondye voye a. Men, Jan 10:1-10 pale tou sou lòt gadò yo. Ansyen Testaman an te rele «gadò yo» moun ki te anchaje pèp Bondye a (Jeremi 23). E lè Jezi te monte nan syèl, li te kite nan plas li dèzòm pou sèvi li tankou gadò pak la. Se pou sa tou, deskripsyon montre moun Jezi te rele yo pou vin sèvi gadò mouton apwe la l`ale, o minis. Nan pasaj sa a nou kapab aprann atitid minis la dwe genyen anvè pèp nan legliz li a.

2. Legliz La

Nan diskisyon Jezi sou mouton ak gadò yo, li ban nou kèk verite sen sou referans mouton yo, sa vle di, legliz li a. La, nou jwenn yonn nan pi bèl mèvèy pwomès yo li ban nou nan tout Labib: «Mouton mwen yo te koute vwa m', mwen konnen yo e yo swiv mwen. Mwen ba yo lavi ki pap janm fini an. Yo pap janm peri, pèsonn pap janm ka rache yo nan men mwen» (Jan 10:27-28). Nan vèsè sa yo Jezi montre touklè moun ki deja delivre yo pap janm rete pou yo pa kwè. Yo gen lavi ki pap janm fini an e yo pap janm peri. Yo rele doktrin sa a «pèseverans sen yo».

Jezi te montre jwif yo legliz la pap rete pou yo sèlman. Li te pale yo sou «lòt mouton yo... ki pat nan pak sa a.» Moun yo, li gen pou l' mennen nan pak la tou (Jan 10:16). Lòt mouton sa yo se te moun lòt peyi yo, e yo pat nan legliz Ansyen Testaman an. Legliz sa a se te pou nasyon jwif yo li te ye. Men pa twò montan se pa sèlman jwif yo kap gen legliz la. Jezi etabli yon legliz inivèsèl kote tout monun byenveni ladan`l.

3. Jezi, Bon Gadò A

Jezi te bay anpil deklarasyon sou li menm, pandan li t'ap pale ak jwif yo. Li di se li menm ki Bon Gadò a. Li te tabli diferans ki genyen ant li ak fò gadò yo ki te vini anvan l' yo, e li te deklare se li menm sèl ki gadò tout bon vre pèp Bondye a. Li afime li gen pouvwa pou l' bay lavi li e pou l' retounen pran l ankò. Sa vle di, menm sou lanmò Kris la gen pouvwa. Jezi te afime se li menm ki Kris la tou, e li te ensiste zèv li yo bay prèv sou sa. Pou fini, li di li se Bondye; sa vle di, li menm avèk Papa se yonn yo ye.

Jezi pat pale klè konsa sou li nan kòmansman lèv li a. Men lè lè lanmò li t'ap apwoche li te montre klè kilès li ye, pou li te ka manifeste avèk egzatitid sa pèp la te santi sou li.

4. Repons La

Kòm rezilta afimasyon Jezi yo, jwif yo te divize yo nan de gwoup. Te gen yon gwoup moun ki te kwè nan li, e yon lòt gwoup ki pat kwè nan li, epi ki te prèt pou touye li. Divizyon ant kretyen yo ak enkredil yo, ant pèp Bondye a ak pitit Satan yo, sa t'ap vin parèt pi klè chak fwa toujou.

Keksyon Sou Etid La

1. Ki diferans ki gen ant yon vòlè ak yon gadò? Gade Jan 10:1-5.
2. Ki diferans ki gen ant yon Bon Gadò ak yon vòlè? (Jan 10:10-13)
3. Ki diferans ki gen ant yon Bon Gadò ak yon moun kap ti job li (Jan 10:10-13)
4. Ki travay yon Bon Gadò fè?
5. Kisa jwif yo te panse sou Jezi akòz ansèyman sa a?
6. Poukisa jwif yo pat kapab tande afimasyon Jezi a ki di li se Kris la?
7. Kisa Jezi te pwomèt mouton li yo?
8. Kisa fraz «Pèseverans sen yo» vle d1?
9. Poukisa jwif yo te vle kalonnen Jezi anba kout wòch?
10. Esplike repons Jezi te ba yo a.
11. Ki jan moun yo te aji kont ansèyman Jezi a?

Pou Etid Siplemante

1. Sèvi ak parabòl Bon Gadò a tankou yon gid, e fè yon deskripsyon sou vrè misyon levanjil la.
2. Kisa Jezi vle fè konprann, lè l' rele tèt li nan Jan 10:9, se li menm ki «pòt la?»

CHAPIT 33

LAZA

Li Jan 11:1-53

Keksyon Pou Preparasyon

1. Poukisa Jezi te leve Laza nan lanmò?
2. Kisa leve Laza soti vivan nan lanmò a te pwovoke?
3. Kisa mirak sa a montre nou sou Jezi tou?

Entwodiksyon

Leve Laza a soti vivan nan lanmò a se te denyè mirak piblik Jezi te fè. Avèk mirak sa a li te prezante l' tankou Pitit Bondye a bay pèp Jida ak Jerizalèm; li te bay disip yo fòs, avèk sa li montre sak va pase nan pwòp lanmò li e jan li va leve soti vivan nan lanmò.

1. Bi Mirak Sa a

Jezi te kapab evite lanmò Laza a. Si l' t'ale Betani touswit o menm si li pat ale; tout menm, li te kapab geri Laza. Men li te kite Laza mouri. Li te di pou ki rezon sa te pase konsa lè l' te di: «Maladi Laza a pap touye l'. Tou sa rive pou fè moun wè pouvwa Bondye. Se ak maladi sa a Bondye pral fè wè pouvwa Pitit li a» (Jan 11:4).

Te gen plizyè fòm laglwa Pitit Bondye a te revele nan mirak sa a. Li te demontre laglwa li devan disip yo, lè l' te montre konesans ki depase nati li. Li te di yo: «Laza, Zanmi nou an, ap dòmi» (Jan 11:11). Yo pat tande byen, li pale yo pi klè: «Laza mouri» (Jan 11:14). Jezi te kèk kilomèt distans lwen Betani, lè l' te pale sa ak disip yo, men li te pale tankou yon moun ki te nan lanmò Laza a.

Laglwa Jezi te manifeste grandyoz nan reyalizasyon mirak la menm. An premye moman, li te fè l' anpiblik. Lè Jezi te kanpe anfas tonbo Laza a, disip yo ak yon bann moun Jerizalèm te antoure l'. Touswit, tout moun Jerizalèm te sezi pou yo tande Jezi te leve Laza soti vivan nan lanmò. An dezyèman, se yon mirak ki te bay krent. Jezi te konn geri malad yo anpil fwa. Anpil fwa li te konn leve moun vivan nan lanmò. Men mirak leve moun mouri ki te pase yon ti tan nan tonbo a . Men ka ki pi rèd la, Laza te mouri depi kat jou, e se jan Mat te di a, kadav la antere li te deja santi. Se pandan, Jezi te fè Laza soti vivan nan lanmò, avèk yon lòd sèlman li te pase. Sètènman sa se yon mirak ki revele pouvwa ak laglwa Pitit Bondye a.

Laglwa Jezi te montre byen klè e sa te fè lafwa disip te grandi. Li di yo: «mwen byen kontan mwen pat la. Konsa na kwè» (Jan 11:15). Lafwa yo te vin gen fòs poutèt Laza te leve nan lanmò a, pi plis pase si Jezi te geri yon moun malad.

2. Leson Yo Sou Mirak Sa a

Rezirèksyon Laza te ilistre rezirèksyon Jezi Kris a. Lè Jezi di nan Mat: «Se mwen menm ki leve moun mouri yo, se mwen menm ki bay lavi a» (Jan 11:25), li te deklare se li ki gen pouvwa sou lavi a e sou lanmò. Alò, nou dekouvri lè l' te pase pa lanmò a, lanmò l' la pat kapab dire pou tout tan. Li menm, ki leve moun mouri, e ki bay lavi a, se li Menm ki Gen Batay la nèt sou Lanmò e sou Tonbo (kavo) a.

Leve Laza nan lanmò a montre leve espirityèl la tou ki manifeste lè yon pechè konvèti (Ef. 2:1). Pòl di nou mouri nan mechanste ak peche. Li afime tou se yon favè Bondye fè nou lè li ban nou lavi pou nou kapab gen batay la nèt ale sou lanmò (Ef. 2:5). Anvan Laza te kapab soti nan kavo a, gen de bagay ki te nesesè pou rive. Fòk Kris te rele l', Kris menm te dwe mete lavi nouvo nan kadav ki te vid nan kavo a. Menm jan an tou, okenn pechè pa kapab pwoche bò kote Bondye, si se pa Bondye menm ki rele li anvan e ki mete yon lavi nouvo nan li pa pouvwa Sentespri a. Menm jan laglwa Kris la revele, nan rezirèksyon Laza a, se konsa tou laglwa Bondye a revele nenpòt kote yon pechè konvèti.

Leve Laza nan lanmò a se yon siy tout kretyen yo pral leve soti nan lanmò. Jezi pwomèt apre lanmò l'ap leve tout kretyen ankò: «Se mwen menm ki leve moun mouri yo, se mwen menm ki bay lavi. Moun ki mete konfyans yo nan mwen, yo gen pou yo viv menm si yo rive mouri. Moun k'ap viv, epi ki mete konfyans nan mwen, yo pap janm mouri» 11:25-26). Sa a se va yon rezirèksyon kòporèl tankou sa Laza te fè esperyans la. Men li va gen yon diferans. Lè Laza te leve vivan nan lanmò a, li te leve avèk menm kò a. Jouk kounye a li gen dwa mouri ankò paske leve sa a se te pou yon ti tan. Men lè nou menm na leve, rezirèksyon nou an va tankou pa Jezi Kris la. Na gen yon kò transfòme e nou pap janmen mouri ankò.

Jezi pwomèt moun ki kwè nan li yo pap jan mouri. Pwomès sa a gen referans sou lanmò espirityèl la. Ki vle di, nanm kretyen yo ap viv pou tout tan.

3. Lafwa

Kwak lafwa disip yo, se te yon lafwa tout bon, men sepandan li te fèb. Yo pat kapab konprann sa pawòl Jezi a te vle di. Lè l' te di yo gen douzè tan nan yon jou, yon moun k'ap mache lajounen li pat kase zòtèy li, yo pat konprann kisa sa vle di. Jezi te asire yo, li pa resevwa okenn domaj toutotan li pa fini travay li. Men lè l' te ensiste pou l'ale Jida, Toma reponn: «Ann ale tou ansanm ak Mèt la pou n' ka mouri ansanm avè l'» (Jan 11:16). Disip yo te fè tou sak posib pou evite Jezi tounen Jida, paske yo te krent yo va touye li la. Devosyon yo pou Kris se te bagay mèveye; men yo te manke kapasite pou yo konprann li t'ap di yo lafwa yo fèb.

Sanble ke Mari ak Mat te gen plis lafwa nan Jezi pase disip yo. Malgre Jezi pat rive alè pou geri Laza, yo te toujou gen espwa Jezi kapab sove li. Yo chak yo di li lè yo jwenn avè l': «Mèt, si ou te la, frè nou an pa ta mouri» (Jan 11:21 e 32). Mat di tou: «Men, mwen konn sa: menm kounye a, Bondye va ba ou nenpòt kisa ou mande li» (Jan 11:22). Sepandan, te manke kèk bagay nan lafwa sè sa yo. Lè Jezi te bay lòd pou yo wete wòch la, Mat reponn li, «Senyè, li dwe kòmanse santi deja, sa fè kat jou depi l' nan kavo a» (Jan 11:39

Disip yo tankou sè sa yo ki te tèlman pwòch avè Jezi a, te bezwen grandi nan lafwa. Lè pou Jezi t'al mouri a te prèt pou rive. E yon lafwa fèb pral sekwe anpil akòz evennman sa a. Se pou sa, Jezi te toujou chache bay lafwa yo fòs.

4. Enkredilite A

Nan pati kote istwa sa a fini an, li fè nou dekouvri ke lafwa pat sèlman yon rezilta nan leve Laza vivan nan lanmò a. Te gen moun tou ki pat kwè nan Jezi. An reyalite, yo pat vle kwè nan li. Yo refize aksèpte sa l' mande yo e pou swiv li. Moun ki te antèt gwoup sa a, se te farizyen ak gran prèt yo.

Lè nouvèl Laza te leve vivan nan lanmò a te rive kote gran chèf sa yo, yo te reyini yon ansanble pou chache wè sa yo dwe fè. Nan reyinyon sa, chèf jwif yo te konsidere yon sèl pwen. Yo pat enterese pou chache konnen si mirak sa a te apwouve Jezi se Kris la. Yo pat konsidere si yo dwe aksepte sa Jezi mande yo. Yon sèl bagay yo vle fè: ki jan pou yo touye l. Kayifa, pi gran chèf prèt la, deklare touye Jezi se sèl bagay yo kapab fè pou pwoteje pozisyon yo kòm direktè pèp la. Akòz konsèy li a yo reyini tout manm asanble a.

Jouk nan moman sa a, opozisyon chèf yo kont Jezi a pat ankò byen òganize. Men kounye a yo te detèmine li dwe mouri epi yo te kòmanse chache jan pou yo touye li.

Keksyon Sou Etid La

1. Ki entansyon Bondye te genyen nan maladi ak lanmò Laza?
2. Poukisa disip yo te gen krentif pou Jezi pat tounen nan peyi Jida?
3. Poukisa Jezi pat mache imedyatman al geri Laza?
4. Kòman Mat te montre li gen lafwa nan Jezi?
5. Kisa nou vle fè konprann, lè nou di Jezi se «rezirèksyon e lavi»?
6. Kisa jwif yo te di sou Jezi?
7. Poukisa Jezi te lapriyè anvan li rele Laza?
8. Poukisa asanble a te konsidere Jezi se yon danje?
9. Ki konsèy Kayifa te bay?
10. Kòman Jan esplike konsèy Kayifa a?
11. Nan ki sans asanble sa a te make yon chajman nan opozisyon anvè Jezi?

Pou Etid Siplemante

1. Poukisa lè Laza te mouri, Jezi te di «Maladi sa a pap touye li?» (Jan 11:14)
2. Fè konparezon rezirèksyon Laza a ak pa Jezi a.

PATI 8

CHANJMAN NAN LEV KRIS LA

CHAPIT 34

LI TE PALE AN PARABOL

Li Matye 13:1-53; Lik 15

Keksyon Pou Preparasyon

1. Kisa yon parabòl ye?
2. Poukisa Jezi te itilize parabòl yo?
3. Kòman Jezi te entèprete pwòp parabòl pa l'?

Entwodiksyon

Pati nou fèk fin wè a li pale sou kèk evennman ki te kòz yon kriz nan lèv Kris la. Anvan evennman sa yo te pase, popilarite Jezi a te gran nan foul moun yo. Kwak prèt relijyez jwif yo te kont li, rayisab yo pat ankò presize nan yon opozisyon defini. Men pandan peryòd kriz sa a popilarite Jezi a kòmanse diminye, epi prèt relijyez yo kòmanse ap fè plan pou yo touye li.

Peryòd kriz la pote yon gwo chanjman nan baz ansèyman Jezi yo. Anvan konfesyon Pyè te fè nan Sezare Filip la, Jezi te pale yon tikras sou lanmò li. Apre konfesyon sa a, Jezi te kòmanse di disip yo byen klè, kisa ki pral rive. Okòmansman li te ensiste pou deklare kilès moun li ye. Kounye a li te montre yo kisa li gen pou l' fè.

Jezi te chanje metòd ansèyman l' la tou. Apre sa li te sèvi pi plis ak parabòl yo. Nan pati nou fèk sot wè a, nou te fè yon deskripsyon sou devlopman ki koresponn ak epòk kriz sa a. Kounye a na pral etidye parabòl yo Kris te montre pandan epòk sa.

1. Kisa Yon Parabòl Ye?

Parabòl la defini tankou yon istwa tèrès ki gen yon siyifikasyon selès. Sa a se yon definisyon senp nou ka asepte. Se pa tout lè yo konsidere parabòl la tankou yon istwa ki pale laverite nan sans yo transmèt mesaj yon bagay reyèl. Sepandan, se yon bagay ki toujou kapab rive nan lavi a chak jou. Gen yon gran règ ki vini touswit apre Jezi fin itilize parabòl yo. Lalwa ki te sou pye nan monn natirèl la ak nan monn espirityèl la se menm bagay yo te ye. Epi pèsonn pa sezi! Se Bondye menm ki te fè toulede monn yo, e se li menm menm ki dirije yo e gouvènen yo. Jezi te kapab wè linyon yonn te gen ak lòt. Konsa li te gen tout libète pou li te kapab itilize monn sa a tankou yon sous ilistrasyson yo pou prezante reyalite espirityèl yo. Pa egzanp, nan parabòl moun k'ap simen an, Jezi di menm jan se pa tout grenn moun k'ap simen an simen ki pote fwi, se konsa predikasyon levanjil la ye tou, se pa tout tan li pote fri kretyen.

2. Bi Parabòl Yo

Poukisa Jezi te anplwaye parabòl yo? Nou ta kapab panse li pwopoze jwenn menm bagay sa a tou lè yon predikatè anplwaye ilistraksyon mesaj li, konsa yo ka pi fasil pou konprann sa ki bon an. Men Jezi di li te gen yon lòt bi. Li te di disip li yo: «Se poutèt sa m'ap pale an parabòl ak sa yo. Paske, lè y'ap gade yo pa wè, lè y'ap koute yo pa tande, ni yo pa konprann» (Matye 13:13). Jezi te anplwaye parabòl yo paske lèzòm pat gen volonte pou tande, ni pou konprann ansèyman l' yo. Se paske yo te avèg espirityèlman, ki fè yo pat konprann. Menm lè l' te montre yo klè, lèzòm te refize kwè nan li, yo pat kapab konprann li. Se poutèt sa li te kapab praktike règ la: «Paske, moun ki genyen deja, ya ba li ankò. Konsa, la gen plis pase sa l' te genyen an, men moun ki pa genyen anyen an, ya wete nan men l' menm ti sa 'l te genyen an» (Matye 13:12). Defèt ke lèzòm pat kwè nan ansèyman transparan Jezi a, li te dwe itilize parabòl yo ki revele laverite a bay moun yo ki te gen vizyon espirityèl; men ki te sekrè pou moun avèg espirityèl yo.

3. Entèpretasyon Parabòl Yo

Menm kretyen yo bezwen anpil èd pou konprann parabòl yo. Paske yo tèlman varye, yo vin difisil pou bay règ espesifik sou entèpretasyon yo. Sepandan, gen kèk règ jeneral ki ka itil.

1. Chache konnen si Kris li menm, li te entèprete parabòl la. Entepretasyon l' te bay nan kèk ka, se sa a sèlman ki korèk, epi pa gen rezon pou chache lòt ankò.

2. Gen kèk fwa levanjelis la di poukisa li te pale anparabòl la. Pa egzanp nan Lik 18:1: «Jezi te rakonte yo parabòl sa a pou l' te montre yo nesessite pou yo lapriyè san yo pa janm dekouraje.»

3. Etidye evennman yo ki mennen parabòl la. Pafwa yo ede nou konprann ki motif Jezi te genyen pou l' te pale an parabòl, pa konsekans yo ede nou pou n' ka entèprete yo korèkteman. Pa egzanp, nan Matye 18, Jezi te pale an parabòl sou domestik ki pat vle padonnen lòt la, e li te di li se poutèt Pyè te poze l' keksyon; «Mèt, konben fwa pou m' padonnen frè m' yon bagay mal?»

4. Chache leson parabòl la bay la. Chak parabòl gen yon pwen ki sanble pami monn materyèl la ak monn espirityèl la. Pwen sa a se leson parabòl la ak kle pou konprann li korèkteman. Règ sa a vle di ke nou pa dwe bay mwens enpòtans nan detay parabòl yo. Pa egzanp, nan parabòl moun k'ap simen an Jezi te entèprete anpil nan detay yo. Li vle di ke detay parabòl yo dwe entèprete nan yon fason pou ede eklèsi leson parabòl la pote a, anvan li pat montre l klè.

5. Parabòl yo pa dwe janm entèprete nan fason ki fè sans kontrè ak ansèyman ki klè sou lòt pasaj yo nan Eskriti a. Sonje byen parabòl yo se tablo klere ak pawòl yo ye. Tablo sa yo ede pou ansèyman Labib kapab vin praktik ak efikas. Men yon lòt kote ankò, nou ka wè tablo yo kapab fasilman malentèprete tou. Pa egzanp, parabòl anfan pwodij la pale sou Papa ki resevwa pitit pechè li a. Papa a pat egzije pitit la o kèk lòt moun te pini l' pou mal pitit li a te komèt la. Gen kèk moun ki di parabòl sa a montre ke Bondye pral resevwa pechè yo san li pa egzije yo pou l' pini peche yo. Yo di Jezi pat gen pou l' mouri sou lakwa pou peye dèt peche a merite a. Men gen anpil pasaj nan ekriti a ki montre byen klè, Kris te mouri kòm sakrifis pou peye dèt peche a, e san sakrifis sa a pa t'ap gen delivrans pou peche nou yo. Jezi pat gen okenn entansyon pou parabòl anfan pwodij la te fè yon tablo konplèt

delivrans la. Bi konplèt li se pou montre Papa a te bay pechè ki repanti yo byenveni, san li pa konsidere valè peche yo te fè.

Règ sa yo pa bay garanti pou di nou ka enptèprete parabòl yo korèkteman. Men si nou li parabòl yo avèk swen, e nou aplike règ anvan yo ak anpil swen, nou kapab koprann ansèyman Jezi te montre yo konplètman.

Keksyon Sou Etid La

1. Kisa yon parabòl ye?
2. Ki prensip fondamantel , lè Jezi sèvi avèk parabòl yo?
3. Poukisa Jezi te sèvi ak parabòl yo?
4. Ki règ parabòl yo kapab ede nou entèprete korèkteman?
5. Kilès ki leson santral nan parabòl moun k'ap simen an?
6. Fè konparezon parabòl moun k'ap simen an avèk esplikasyon Jezi te bay sou li a. Ki detay sou parabòl la ki eksplike e kilès ki pa eksplike?
7. Kisa ki tèm sis parabòl yo ki nan Matye 13:24-50 la genyen?
8. Kisa chak parabòl montre sou tèm ni?
9. Fè yon konparezon sou parabòl mayi a ak move zèb la avèk entèpretasyon ke Jezi te bay? Ki detay ki te eksplike yo e ki detay ki pat eksplike yo?
10. Kisa ki tèm parabòl nan Lik 15 la?
11. Ki kalite moun ki sanble ak ti nonm gaspiyè a?
12. Ki kalite moun ki sanble ak pi gran pitit la?

Pou Etid Siplemante

1. Di ki kantite ansèyman Jezi te bay sou gouvènman syèl la, dapre sa nou jwenn nan Matye 13 ak Lik 15.
2. Aplike parabòl pitit gaspiyè a nan lavi jounen jodia.

CHAPIT 35

POU NOU KA GEN LAVI KI PAP JANM FINI AN

Li Lik 18:1-34

Keksyon Pou Preparasyon

1. Kisa Jezi montre nou sou lapriyè nan parabòl li yo?
2. Kisa ki anpeche nou gen lavi ki pap janm fini an?
3. Poukisa disip Jezi yo pat kapab asepte sa li te montre sou pwòp lanmò l' la?

Entwodiksyon

Nan VII$^{èm.}$ pati a, anpil pasaj biblik yo pran yo se nan Levanjil Sen Jan an yo soti. Pasaj biblik nan VIII$^{èm.}$ pati a se nan levanjil sinoptik yo, yo soti. Pran nòt sou diferans ki gen nan istwa yo. Jan mete anpil evennman nan levanjil li a; men li pale plis sou yo. Pi fò nan istwa l' yo pran tout yon chapit; pa egzanp istwa Laza a. Lòt levanjil yo redwi rapò yo, e yo mete anpil lòt ti istwa kout pase yo ale pi lwen sou kèk nan yo. Nan chapit sa a nou pral etidye senk parabòl ak kèk evennman, ansanm, ki pa rive konplete yon chapit ankè nan Sen Lik.

1. Parabòl Sou Lapriyè A

Parabòl vèv la ak jij la montre kretyen an dwe pèsevere nan lapriyè. Jij ki nan parabòl la pa reprezante, ni li pa bay yon sans, se Bondye. Se yon Jij mechan. Men si menm yon jij malveyan kapab tande yon pòv vèv, nou kapab pa bezwen mande si Bondye ta tande pitit li yo.

Parabòl farizyen ak pibliken an se tankou yon avi kont moun ki fè jistis tèt yo. Li montre nou yon leson ki gen enpòtans anpil sou lapriyè tou. Bondye pa bay lapriyè nou an valè pou pawòl nou di yo, osinon pou atitid nou gen nan kè nou. Litè, nan sèten okasyon, te di ke lapriyè payen yo gen anpil pawòl men li pa gen anpil panse, se pandan lapriyè kretyèn nan gen anpil panse ak yon ti pawòl. Moun ki fè pwòp jistis yo, an reyalite se pa Bondye yo lapriyè, yo senpleman ap pale avèk pwòp tèt pa yo

2. Jezi Beni Timoun Yo

Lè disip yo te vle pouse manman ki t'ap pote timoun yo bay Jezi a, li te reponn yo. Nou aprann de gran verite sou gouvènman Bondye a nan repwòch sa a. Jezi di timoun yo gen plas nan gouvènman Bondye a. Lè li te di: «Paske peyi kote Bondye Wa a, se pou tout moun ki tankou timoun sa yo li ye.» Sa pa vle di sèlman, «Moun ki vin tankou timoun sa yo», osinon «timoun konsa li ye». Se pou sa tou manman timoun yo te vle Jezi ba yo benediksyon l'. Jezi te vle montre disip yo, timoun ki gen papa ak manman yo kretyen, yo pa kapab rete deyò nan gouvènman Bondye a.

Jezi montre granmoun yo dwe apwoche yo tankou timoun tou, si yo vle antre nan peyi kote Bondye Wa a. Sa pa vle di yo dwe rajeni yo ankò non, o konpòte yo nan fòm timoun. Li vle di yo dwe renmen Jezi e mete konfyans yo nan li tankou timoun yo renmen papa ak manman yo mete konfyans yo nan yo. Granmoun yo dwe prèt pou obeyi Jezi. Vini devan Seyè a tankou yon timoun se trè nesesè pou sove nann nou.

3. Jennonm Rich La

Istwa jenn antreprenè rich la dekouvri ki jan idolatri a kapab separe lòm ak delivrans la. Jennonm nan pat yon idolatri nan sans tankou li tap adore yon imaj la. Se te yon bon jwif ki t'ap viv yon vi debyen e li te gen yon bon repitasyon. Men li pat gen asirans ki sa li dwe fè pou eritie wayom syèl la. Li te genyen rezon pou l' doute paske nan kè l', li t'ap adore yon zidòl; zidòl sa a se te lajan. Pou li lajan te gen plis enpòtans pase Bondye. Jezi te konn sa. Se poutèt sa li te di jennonm nan, al vann tout sa ou genyen, epi bay pòv tout lajan ou yo. Konsa w'ap vin lib anba zidòl ou a. Men li pa ta janm fè yon bagay konsa e li te ale byen tris.

Gen yon gran danje ki prezante pou tout moun ki rich yo. Lè yo mete konfyans yo nan lajan, pwemye bagay ki pwan premye plas nan lavi yo se lajan, Bondye rete an dènye. Se te yon nonm save sila ki te priye: «Pa fè m' ni rich ni pòv. Ban m' kantite manje mwen bezwen pou m' viv la. Si mwen gen twòp, ma vire do ba ou, ma di mwen pa konnen ki moun ou ye. Si mwen pa gen ase ma vòlò, ma fè yo pase ou nan betiz» (Pwovèb 30:8-9).

4. Pasyon Avègleman Disip Yo

Sa ki fè anpil fwa lektè istwa levanjil la konfonn nan se paske disip yo pat kapab konprann Jezi lè l' t'ap pale sou lanmò li ak rezirèksyon li. Se pa paske Jezi pat pale klè. Se pa nan li fòt la te ye, sinon se nan yo menm menm. Disip yo te kwè tout lide jwif yo te gen sou Kris la, yo te kòrèk; men yo pat kapab aksepte ansèyman Jezi a ki pale sou soufrans li ak lanmò li. Se vrè evennman yo sèlman ki te kapab fè yo wè klè, an menm tan ki pwepare yo pou konprann sa Jezi tap di yo.

Keksyon Sou Etid La

1. Nan ki entansyon Jezi te di parabòl vèv la ak jij la?
2. Nan ki sans Bondye sanble ak jij la?
3. Nan ki sans Bondye diferan ak jij la?
4. Nan ki sans nou dwe sanble ak vèv la?
5. Pou ki moun li te di parabòl farizyen ak pibliken an?
6. Kisa lapriyè farizyen an te genyen nan li ki mal?
7. Poukisa pibliken an te jwenn jistis?
8. Poukisa Jezi te beni timoun yo?
9. Nan ki sans granmoun yo dwe vin tankou timoun pou yo antre nan Peyi Wa a?
10. Fè yon deskripsyon sou jennonm rich la?
11. Poukisa moun rich yo difisil pou yo sove?
12. Kisa Kris pwomèt moun ki swiv li yo?
13. Kisa Jezi te montre disip li yo nan Lik 18:31-34?
14. Poukisa disip yo pat kapab konprann ansèyman Jezi yo?

Pou Etid Siplemante

1. Fè yon konparezon sou farizyen an ak jennonm rich la?
2. Apre santiman jistifikasyon pèsonèl la, kilès lòt bagay ki fè lapriyè nou yo pa itil?

CHAPIT 36:

DENYE YO AP VIN PREMYE

Li Matye 19:23-20:28

Keksyon Pou Preparasyon

1. Kisa parabòl travayè yo montre?
2. Kisa ki mal nan demann pitit Zèbede yo?

Entwodiksyon

Matye te ekri levanjil li a pou jwif yo, e Lik te ekri liv li a pou grèk yo. Men yo chak nan yo te seleksyone ansèyman Jezi yo li konsidere pi pwòch pou moun k'ap koute yo. Nou deja etidye ansèyman Lik yo nan chapit 35 la, yo te pase nan menm dat ak pa Matye yo nou pral etidye nan chapit pi devan an. Malgre diferans materyèl la, li enteresan pou wè diferans ki gen nan estil literè yo tou. Lik bay detay e li fè yon deskripsyon sou reaksyon pèp la anfas evennman yo; poutan Matye ekri kout, e li mansyone bagay ki te pasé ki gen anpil enpòtans yo sèlman.

1. Travayè Yo

Jennonm rich la pat vle kite tout byen l' pou l'al swiv Jezi. Men disip yo wi, yo menm yo te fè l' konsa wi. Poutèt sa Pyè te mande a, Jezi ki rekonpans li ta resevwa pou sa. Jezi te di yo y'ap jwenn yon gran rekonpans, nan lavi sa a tankou nan lavi k'ap vini an. Men li te rakonte yo yon parabòl pou montre yo ke atitid yo a te gen erè ladan l'.

Nan parabòl travayè yo, se Bondye ki mèt jaden rezen an, e pèyman chak travayè resevwa a se rekonpans Bondye bay sèvitè l' yo. Pwen resanblans ant lemonn natirèl ak espirityèl la, se nan pèyman egal travayè yo li ye. Nan monn espirityèl la Bondye pa rekonpanse sèvitè l' yo sa yo merite, men selon gras li. Yo resevwa sa li deside ba yo, se pa sa yo merite. Pa konsekans parabòl la montre nou, nou pa dwe sèvi Bondye pou n' resevwa yon rekonpans; tankou si chak ti pòsyon travay nou fè pou li, nou ta dwe jwenn yon rekonpans nan syèl la. Bondye bay lèzòm rekonpans yo wi. Men rekonpans li baze nan renmen ki depase tout renmen li a, men se pa nan zèv nou yo.

Parabòl la montre tou, yon kretyen pa dwe dekouraje paske li konvèti nan dènyè moman nan lavi li. Sa ki enpòtan an, se pa yon kretyen ki viv long, osinon jan l'ap viv la. Apòt Pòl se yon bon egzanp nou ka gade. Li se dènyè apòt ki te chwazi, men sepandan, akòz li te travay ak fidèlite, li te vin konvèti nan yonn nan pi gran apòt yo.

2. Pitit Zèbede Yo

Madanm Zèbede, pechè pwason an, te vini kote Jezi pou mande l' yon favè pou pitit li yo. Jak ak Jan te tande Jezi te pwomèt yon rekonpans pou moun ki swiv li yo, epi yo te tande Jezi ap pale disip li yo ap chita nan twòn yo pou jije dous branch ras Izrayèl yo (Matye 19:28). Se moun anbisye yo te ye epi yo te vle okipe grad ki gen pi gwo wotè yo --chèz yo ki bò kote dwat ak bò kote gòch Jezi yo.

Jak ak Jan te vle vin gran chèf nan gouvènman Bondye a. Li bon pou yon moun gen yon anbisyon konsa. Sa soti nan lafwa yo te gen nan Jezi a ak nan gouvènman l' la, e renmen yo te gen pou Jezi. Men, kwak sa yo te twonpe nan mande yo pou okipe grad ki pi wo a. Yo te renmen pou yo ta ka an premye. Konsa tou yo te baze demann yo a nan yon konsepsyon ki gen erè sou gouvènman Bondye a. Jak ak Jan te toujou panse sou yon gouvennman tèrès Jezi t'ap pale, kote wa a fè moun ki mande l' favè yo sa yo mande.

Kwak Salome te fè demann nan pou pitit li yo, Jezi te bay repons la sou yo menm. Nan gouvennman espirityèl la sèlman yo kapab resèvwa lonè sòf si yo bwè nan menm gode Jezi ap bwè a. Sa vle di, gode soufrans la. Epi grad ki pi wo a se pou moun Papa l' prepare yo sèlman li ye.

Jezi mete baz yon prensip chita la sou lavi kretyèn an. Si nou dwe resevwa yon rekonpans, menm lè se ta rekonpans lagras, nou dwe swiv egzanp Jezi a. Nou dwe obeyisan tankou li te obeyisan an, menm si sa mande nou pou nou soufri.

3. Douz Yo

Lè lòt disip yo te tande konvèsasyon Jezi ak pitit Zèbede yo, yo te endiye kont de frè yo. Li pa difisil pou wè pou ki rezon yo te gen endiyasyon an. Yo chak nan douz disip yo te gen menm anbisyon sa Jak ak Jan te genyen an. Yo chak te kouvri anba sekrè sa a pou vin rive premyè nan gouvènman Kris la. Men yo yonn pat gen odas pou manifèste sa. Donk yo te mete yo ankòlè, paske Jak ak Jan te mande Jezi yon bagay yo tout te vle a.

Sa fè Jezi te reyini yo tout pou korije atitid sa a epi li te di yo, y'ap aji tankou moun lòt peyi yo. Paske chèf moun lòt peyi yo te renmen gen priyorite sou tout sa ki anba pouvwa yo. Li di yo, si yo vle gen gwo grad nan gouvènman l' la, yo dwe rann yonn lòt sèvis. Yo dwe swiv egzanp li, «Se konsa, mwen menm, moun Bondye voye nan lachè a, mwen pa vin pou moun rann mwen sèvis, men mwen vini pou rann moun sèvis. Wi, mwen vin bay lavi m' pou peye delivrans anpil moun» (Matye 20:28). Jeneralman, sa montre jan nou enpòtan lè nou genyen moun kap sèv nou. Men nan lavi kretyèn nan siy ki fè nou vinn pi gran an, se lè nou sèvi lòt moun pito.

Keksyon Sou Etid La

1. Kisa nou jwenn nan Matye 19:27-30, e nou pa jwenn ni nan Lik 13:28-30?
2. Nan parabòl travayè yo, ki moun o kisa ki reprezante pwopyetè, travayè yo, ak salè yo?
3. Sou ki baz pwopyetè a te pase kontra ak premye gwoup travayè yo?
4. Sou ki baz li te pase kontra lòt travayè yo?
5. Poukisa moun ki travay tout lajounen yo te plenyen?
yon kretyen dwe fè pou rive gran nan Gouvènman Syèl la?

Pou Etid Siplemante

1. Eske pwopyetè ki pase kontra travayè yo se yon nonm ki jis?
2. Ekri yon konpozisyon ki gen 200 pawòl sou tèm nan «Ki jan pou ou rive vin yon vrè kretyen tout bon»

CHAPIT 37

LI VINN CHACHE E SOVE YO

Li Lik 18:35-19:27

Keksyon Pou Preparasyon

1. Kisa nou kapab aprann sou lafwa nan leson sa a?
2. Kisa parabòl min yo montre nou?

Entwodiksyon

Apre Jezi te fin leve Laza vivan nan lanmò a, li soti lavil Jida. Opozisyon chèf relijyez yo te fè li enposib pou l' kontinye travay li nan alantou Jerizalèm nan.

Lè senmenn pasyon an ta pral rive, Jezi tounen lavil Jida e Jerizalèm. Te gen anpil moun peleren nan tout wout la ki ta pral Jerizalèm nan fèt Pak la. Jezi ak disip li yo petèt te pran yon lòt wout yo. Yo desann bò kote solèy leve Jouden an, yo te travèse rivyè a kote ki ba a toupre Jeriko, depi la yo te kòmanze ap monte nan chemen tout otou Jouden an, ki te gen 300 mèt pi ba pase nivo lanmè a jis yo rive Jerizalèm ki gen 600 mèt pi wo nivo lanmè. Premyè vil ki gen plis enpòtans bò kote lowès Jouden an se Jeriko. Evennman yo dekri nan leson sa byen klè sak te pase lè Jezi te travèse Jeriko a.

1. Nati Lafwa

Istwa avèg k'ap mande a tankou istwa Zache a, yo pale sou moun ki gen kontak pèsonèl ak Jezi. Yo chak te gen yon nesesite patikilyè. Sovè a te rezoud pwoblèm yo chak. Si nou egzamine de nèg sa yo, nou kapab fè kèk obsèvasyon sou lafwa.

1. Lafwa nan Kris la pran nesans li nan yon sans sou nesesite pèsonèl. Mandyan an te konprann sa e li te kriye. Zache te santi nesesite l' te tèlman pwofon jouk li te monte yon pyebwa pou wè Jezi.

2. Lafwa se yon bagay pesistan. Moun yo te vle fè mandyan an pe bouch li, men li te refize rete trankil.

3. Lafwa se pa pou moun ki gen bon pozisyon sèlman li ye. Mandyan an te fè pati yon klas sosyal ki ba, e Zache etan yon pibliken, se te yon egzile sosyal. Men Bondye te bay toulede kado lafwa a.

4. Lafwa toujou mennen repantans ak li. Zache se yon nonm ki te rich anpil, nan touche tax ak enpo depase, li te dispoze l' pou remèt moun mèt lajan sa a kat fwa plis pase sa li te pran an. Yon nonm ki gen lafwa li rayi peche.

2. Parabòl Min Yo

Nan parabòl sa a, anpil nan pèsonaj yo, se senbòl objè ak evennman yo ye. Nan keksyon yo sou etid la yo mande ou kisa ou entèprete sou yo. Sa ou konnen an kapab ede ou anpil sou sa parabòl la montre a.

1. Gouvènman Bondye a pa pral manifeste touswit. Nou sonje nan Levanjil yo, yo itilize tèm «Gouvènman Bondye a» de fason. Kèk fwa li vle di delivrans ak kominyon avèk Bondye. Jezi te itilize l nan sans sa a lè l' te di Nikodèm: «Pèsonn pa kapab wè peyi kote Bondye Wa a si li pa fèt yon dezyèm fwa» (Jan 3:3). Men yon lòt fwa ankò li vle pale sou gran revelasyon pouvwa Bondye k'ap rive lè Kris va tounen. Se sa «Gouvènman Bondye a» vle di nan parabòl min yo. Nan sans delivrans la, Gouvènman an deja prezan. Men manifestasyon konplèt gouvènman an, pat pre, tankou kèk moun panse.

2. Kretyen an dwe tankou yon travayè fidèl nan gouvènman Bondye a.

3. Prim pou fidèlite a rete nan pi gran reskonsablite ak opòtinite yo. Avèk fidèlite nou konpli travay nou nan lavi sa a, l'ap detèmine travay y'ap ban nou pou nou fè nan syèl la.

4. Manifestasyon gouvènman an ap vini ansanm ak jijman, kote moun malveyan yo pral pini e moun ki rete fèm e fidèl ap sèvi Seyè a a resevwa rekonpans yo.

Keksyon Sou Etid La

1. Kilè e ki kote evennman yo nan leson sa a te pase?
2. Ki bon kalite mandyan an te montre?
3. Poukisa mandyan an te geri?
4. Fè yon deskripsyon sou Zache.
5. Ki chajman ki te genyen nan lavi Zache?
6. Nan parabòl min yo, kiyès ki te reprezante wa a?
7. Kiyès ki reprezante moun ki te refize gouvènman li a?
8. Kiyès ki reprezante domestik yo?
9. Kisa min yo reprezante?
10. Ak ki sa nou kapab konpare ale e retou wa a?
11. Poukisa Jezi te di parabòl sa a?
12. Ki leson nou kapab aprann nan jijman ki ekri nan Lik 19:16-27 la?

Pou Etid Siplemante

1. Fè yon konparezon sou parabòl min yo avèk parabòl lajan ki nan Matye 25:14-20.

www.ingramcontent.com/pod-product-compliance
Lightning Source LLC
LaVergne TN
LVHW021448080426
835509LV00018B/2211